Philipp Lohmüller

55 neue Stundeneinstiege Englisch

Digitale & analoge Ideen für einen gelungenen Stundeneinstieg

Wir haben uns für die Schreibweise mit dem Sternchen entschieden, damit sich Frauen, Männer und alle Menschen, die sich anders bezeichnen, gleichermaßen angesprochen fühlen. Aus Gründen der besseren Lesbarkeit für die Schüler*innen verwenden wir in den Kopiervorlagen das generische Maskulinum. Bitte beachten Sie jedoch, dass wir in Fremdtexten anderer Rechtegeber*innen die Schreibweise der Originaltexte belassen mussten.

In diesem Werk sind nach dem MarkenG geschützte Marken und sonstige Kennzeichen für eine bessere Lesbarkeit nicht besonders kenntlich gemacht. Es kann also aus dem Fehlen eines entsprechenden Hinweises nicht geschlossen werden, dass es sich um einen freien Warennamen handelt.

Bildquellen: verwendete Icons © warmworld / stock.adobe.com

1. Auflage 2023

Autor*innen: Philipp Lohmüller
Covergestaltung: annette forsch konzeption und design, Berlin
Illustrationen: Kristina Klotz
Satz: tebitron gmbh, Gerlingen
Druck und Bindung: Korrekt Nyomdaipari Kft
ISBN 978-3-403-**08825**-7

www.auer-verlag.de

Inhaltsverzeichnis

Einleitung 4

Stundeneinstiege zum Kennenlernen

Find Someone Who … (ab Klasse 5) 5
Getting in Formation (ab Klasse 6) 6
Snowball Quiz (ab Klasse 6) 7
Mystery Numbers (ab Klasse 7) 8
Q & A (ab Klasse 7) 9

Stundeneinstiege zum Themeneinstieg

Word Cloud (ab Klasse 6) 10
Puzzle Pals (ab Klasse 6) 11
Game of Quotes (ab Klasse 7) 12
Placemats (ab Klasse 7) 14
Share & Learn (ab Klasse 7) 15

Stundeneinstiege zum Sprechen

Performance Generator (ab Klasse 5) 16
No Yes, No No (ab Klasse 6) 17
Word Sneak (ab Klasse 6) 18
What's My Problem? (ab Klasse 7) 19
GIF Battle (ab Klasse 7) 20
Small Talk Chain (ab Klasse 8) 22
Timeline Trivia (ab Klasse 9) 23
City Guesser (ab Klasse 9) 24
Last One Laughing (ab Klasse 10) 25

Stundeneinstiege zum Sprechen (Beschreiben)

Follow Me (ab Klasse 6) 26
Talk & Draw (ab Klasse 7) 27
Same Difference (ab Klasse 8) 28
Stills Puzzle (ab Klasse 8) 29

Stundeneinstiege zum Sprechen (Argumentieren)

Would You Rather …? (ab Klasse 6) 30
Oh, really? (ab Klasse 7) 31
Optimists vs. Pessimists (ab Klasse 7) 32
Unique Selling Point (ab Klasse 9) 33

Stundeneinstiege zur Grammatik

Mind the Gap (ab Klasse 5) 34
Time Bomb (ab Klasse 5) 35
Team Marathon (ab Klasse 6) 36
Two Truths and a Lie (ab Klasse 6) 37
Irregular Verb Bingo (ab Klasse 6) 38

Stundeneinstiege zum Leseverstehen

Chain Reaction (ab Klasse 5) 39
Text Puzzle (ab Klasse 5) 40
Four Corners (ab Klasse 6) 41
Reading Relay Race (ab Klasse 6) 42
Talk to Books (ab Klasse 8) 43

Stundeneinstiege zum Wortschatz

Charades (ab Klasse 6) 44
Funny Fill-In (ab Klasse 6) 45
Job Interview (ab Klasse 6) 46
Name 3! (ab Klasse 6) 47
Pens Down! (ab Klasse 6) 48
Spellie (ab Klasse 6) 49
Alphabetical Soup (ab Klasse 7) 50
Password (ab Klasse 7) 51
Word Ladders (ab Klasse 8) 52
Wordshake (ab Klasse 8) 53
Semantris (ab Klasse 9) 54
Spelling Bee (ab Klasse 10) 55
Knoword (ab Klasse 10) 56

Stundeneinstiege zum (kreativen) Schreiben

Running Dictation (ab Klasse 5) 57
Window Swap (ab Klasse 6) 58
Three-Picture-Story (ab Klasse 7) 59
Newspaper Headline Generator (ab Klasse 8) 60
Verse by Verse (ab Klasse 9) 61

Einleitung

Dem Einstieg – dem sogenannten *Lead In* – kommt in jeder kompetenzorientierten Unterrichtsstunde eine Schlüsselrolle zu – nicht nur müssen die Schüler*innen auf die zu erwartenden Inhalte eingestimmt werden, auch sollen die subjektiven Konzepte aller Lernenden geöffnet werden.

Im Englischunterricht sollte in den ersten Minuten des Unterrichts aber noch viel mehr passieren: Die Lernenden müssen nicht nur inhaltlich eingestimmt werden, sondern auch sprachlich: Da für alle Schüler*innen mit dem Start des Fremdsprachenunterrichts auch die zu nutzende Unterrichtssprache wechselt, kommt es zu einem Bruch. Im Klassenraum, in dem eben noch Deutsch gesprochen wird, soll nun Englisch gesprochen werden. Um die Schüler*innen in der Fremdsprache „ankommen" zu lassen, eignen sich *Warm-ups*, die die Lernenden dazu einladen, in einem geschützten Raum – also in Zweierteams oder in Kleingruppen – Englisch zu sprechen und sich ohne Angst vor Fehlern zu äußern. Ein gelungener Stundeneinstieg verknüpft im Englischunterricht *Lead In* und *Warm-up* und bereitet inhaltlich wie sprachlich auf die kommenden 45 oder 90 Minuten vor.

Insbesondere in jüngeren Jahrgängen gestaltet sich das Etablieren von Englisch als Unterrichtssprache herausfordernd, ist aber auf lange Sicht eine wahre Bereicherung. Es lohnt sich also, die Lernenden frühzeitig an das durchgängige Englischsprechen zu gewöhnen, z. B. mithilfe von Belohnungs- oder Sanktionssystemen.

Die Stundeneinstiege in diesem Band sind als *Lead In* zu verstehen, enthalten aber zeitgleich Hinweise, wie zeitgleich ein *Warm-up* gewährleistet werden kann. Die Einstiege bewegen sich dabei in einem zeitlichen Rahmen von ca. 3 – 10 Minuten und sind für unterschiedlichste Jahrgangsstufen der Sekundarstufe I und II geeignet. 25 der 55 Stundeneinstiege lassen sich zudem digital durchführen, enthalten aber auch Hinweise, wie der Einstieg ohne digitale Hilfsmittel gelingen kann.

Für den schnellen Überblick sind alle 55 Stundeneinstiege mit den folgenden Kurzangaben versehen:

 Dauer

 Jahrgangsstufe

 Kompetenzbereich

Die Angaben zur Dauer und Jahrgangsstufe sind dabei als Erfahrungswerte zu verstehen – jeder Einstieg sollte vorab auf Passung überprüft werden.

Find Someone Who …

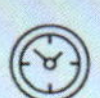 4 min 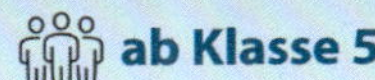 ab Klasse 5  Speaking

Beschreibung

Bei diesem Stundeneinstieg soll für jede Aussage eine Person gefunden werden, die diese mit „Ja" beantworten kann. *Find Someone Who…* eignet sich daher zum Kennenlernen, als Einstieg in ein neues Thema, als Wiedereinstieg nach den Ferien oder als Energizer.

Benötigte Materialien

Klassensatz vorbereiteter Arbeitsblätter mit ca. 5 – 10 Aussagen; ggf. Timer

Durchführung

- Vorab sollte die Lehrkraft einen Klassensatz an Arbeitsblättern mit Aussagen vorbereiten.
- Die Lernenden erhalten je ein Arbeitsblatt und gehen im Klassenzimmer umher.
- Sie versuchen, mittels Fragen eine*n Mitschüler*in zu finden, auf den*die die Aussage zutrifft. Wird eine Frage mit „Ja" beantwortet, wird der jeweilige Name notiert. Jeder Name darf aber nur einmal aufgeschrieben werden.
- Wer bei jeder Aussage jeweils einen Namen stehen hat, setzt sich wieder auf seinen Platz.
- Abschließend kann die Lehrkraft eine Auswahl an Aussagen mit den Schüler*innen besprechen.

Beispiel: Verschiedene Themen (nach Schwierigkeit sortiert)

Finde eine Person, die/*Find someone Who …*

… etwas auf Englisch sagen kann.	… schon mal ein englischsprachiges Land bereist hat.	*… has been to London.*
… knows the capital of Scotland.	*… can name three of Shakespeare's plays.*	

Tipp

In Lerngruppen, die gerade erst in den Englischunterricht einsteigen, eignen sich Aussagen in deutscher Sprache, z. B. darüber, was die Schüler*innen bereits über Englisch oder ein englisches Zielsprachenland wissen. Alternativ kann der Einstieg auch als Bingo gespielt werden, was sich insbesondere für eine große Anzahl an Aussagen eignet.

Getting in Formation

 **5 min** 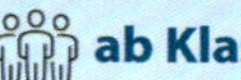 **ab Klasse 6**  **Speaking**

Beschreibung

Im Einstieg *Getting in Formation* müssen die Schüler*innen möglichst schnell eine Auswahl an *Prompts* erfüllen und sich in Kleingruppen oder einer Linie aufstellen. Diese Übung eignet sich besonders zum Kennenlernen, als motivierender Energizer oder als Training, um Englisch spielerisch im Alltag einzusetzen.

Benötigte Materialien

vorbereitete *Prompts*, Timer; ggf. digitales Tafelsystem zur Visualisierung der *Prompts*

Durchführung

- Die Schüler*innen stehen auf und verteilen sich im Klassenraum.
- Die Lehrkraft liest einen *Prompt* vor oder visualisiert ihn an der Tafel und startet die Stoppuhr. Während die Schüler*innen versuchen, sich zu organisieren, sollte nur Englisch gesprochen werden.
- Sobald die Klasse glaubt, sich korrekt aufgestellt zu haben, wird die Zeit gestoppt und die Sortierung auf Richtigkeit überprüft. Sollten die Schüler*innen richtig stehen, wird die Zeit als Bestzeit an der Tafel notiert.
- Ziel ist es, mit jeder weiteren korrekt gelösten Aufgabe eine neue Bestzeit aufzustellen. Je nach verfügbarer Zeit kann dies mit neuen *Prompts* beliebig oft wiederholt werden.

Mögliche Prompts:

- *Organize yourselves in a chronological line of your birthdays.*
- *Organize yourselves in groups with people whose father is as old as yours.*
- *Organize yourselves in an alphabetical line of your favorite animals.*
- *Organize yourselves in groups with people who were born in the same city.*

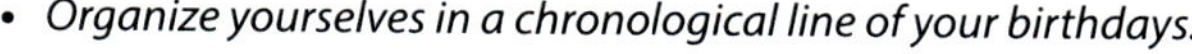

Snowball Quiz

8 min | ab Klasse 6 | Writing, Speaking

Beschreibung

Beim *Snowball Quiz* müssen die Schüler*innen anhand dreier Sätze erraten, wessen *Snowball* sie gefangen haben. Zum Kennenlernen oder als Wiedereinstieg nach den Ferien ist diese Aktivität daher besonders geeignet.

Benötigte Materialien

Klassensatz an Papier

Durchführung

- Die Schüler*innen finden sich in Kleingruppen zusammen und erhalten ein leeres Blatt Papier. Darauf notieren sie 3 – 5 Aussagen, die auf ein Mitglied ihrer Gruppe zutreffen, und knüllen das Papier zu einer Kugel zusammen.
- Sobald alle Gruppen ihre Papierkugel vorbereitet haben, schließen sie die Augen und ein*e Schüler*in in jeder Gruppe wirft nach Aufforderung der Lehrkraft ihren *Snowball* in die Mitte des Raumes.
- Die Lernenden öffnen ihre Augen, einigen sich auf eine Papierkugel in ihrer Nähe und öffnen diese.
- In ihren Kleingruppen lesen die Schüler*innen nun die Aussagen auf ihrem Papier und versuchen, innerhalb von 1 – 2 Minuten zu erraten, wessen *Snowball* gefangen wurde. Dabei sollte ausschließlich Englisch gesprochen werden.
- Im Plenum werden die Vermutungen der Gruppen überprüft.

Tipp

Der Einstieg kann für die ersten Unterrichtswochen des Schuljahres so lange wiederholt werden, bis die ganze Klasse an der Reihe war. Insbesondere für jüngere oder ungeübte Schüler*innen sollte *Language Support* bereitgestellt werden, um ihnen das Notieren von Aussagen zu erleichtern, z. B. *My favorite hobby / animal / color is...; My mother's / father's first name is...; I was born in...* .
Ebenso kann *Language Support* für das Erraten zur Verfügung gestellt werden, z. B. *I think ... threw my snowball; I think you are right / wrong; Why do you think ... threw your snowball?*

Mystery Numbers

 6 min  ab Klasse 7  Speaking

Beschreibung

Beim Einstieg *Mystery Numbers* muss die Verbindung zwischen einer Ziffer und einem*r Schüler*in erraten werden. Der Einstieg eignet sich zum ersten Kennenlernen oder als Wiedereinstieg nach den Ferien.

Benötigte Materialien

Klassensatz an Klebezetteln; Timer

Durchführung

- Jede*r Schüler*in erhält einen Klebezettel und notiert darauf eine Ziffer, die etwas mit der eigenen Person zu tun hat, z. B. die Anzahl an Geschwistern oder Haustieren, die Hausnummer, die letzten vier Ziffern der Telefonnummer, die Anzahl der Jahre an der Schule, der Geburtstag oder Jahrgang, etc. Auch die Lehrkraft notiert eine Zahl.
- Die Schüler*innen befestigen die Klebezettel am eigenen Oberkörper, stehen auf und laufen umher. Die Lehrkraft startet einen Timer von ca. 60 Sekunden.
- Die Lernenden bilden Zweier- oder Dreiergruppen und versuchen, die Bedeutung der vorhandenen *Mystery Numbers* zu erraten. Dabei kann die Person, dessen *Mystery Number* gerade erraten werden soll, Hinweise geben, wenn sich die Ideen der richtigen Antwort nähern. Um als *Warm-up* zu fungieren, sollte hierbei ausschließlich Englisch gesprochen werden.
- Nach Ablauf des Timers suchen sich die Schüler*innen eine*n neue*n Partner*in und das Raten beginnt erneut. Dieser Schritt kann je nach Zeit beliebig oft wiederholt werden.
- Abschließend kann im Plenum erfragt werden, was die Klasse Neues über ihre Mitschüler*innen gelernt hat.

Tipp

Insbesondere für jüngere oder ungeübte Schüler*innen sollte *Language Support* bereitgestellt werden, um ihnen das Hinweisgeben zu erleichtern z. B. *That is (not) correct; You're getting close...; Not quite, but you're almost there.*

Q&A

 7 min 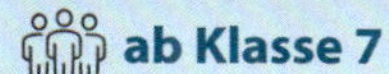 ab Klasse 7  Speaking

Beschreibung

Bei *Q&A* versuchen die Schüler*innen, innerhalb kürzester Zeit möglichst viele Fragen über sich zu beantworten. Der Einstieg eignet sich daher für das erste Kennenlernen.

Benötigte Materialien

ein Smartphone, Tablet oder Laptop pro Schüler*in; digitales Tafelsystem zur Visualisierung der Fragen; Timer

Durchführung

Mentimeter

- Vorab muss sich die Lehrkraft auf https://mentimeter.com registrieren. Mittels eines Klicks auf **+ NEW PRESENTATION** kann eine Präsentation benannt und erstellt werden.
- Als *Question Type* wird nun *Open Ended* ausgewählt. Mit einem Klick auf *Enable multiple submissions* lässt sich einstellen, dass mehrere Antworten erlaubt sind. Als Design empfiehlt sich *Flowing Grid*.
- Über einen Klick auf **▶ PRESENT** wird die Präsentation im Vollbildmodus gestartet.
- Die Schüler*innen können mit ihren Endgeräten nun menti.com aufrufen und den angezeigten Code eingeben. Sie erhalten 60 – 120 Sekunden Zeit, möglichst viele Fragen an ihre Mitschüler*innen einzugeben.
- Im Anschluss startet die Lehrkraft einen Timer (90 Sekunden). Die Schüler*innen arbeiten zu zweit. Schüler*in A liest Fragen von der Tafel laut vor und beantwortet diese kurz auf Englisch, Schüler*in B zählt die Anzahl der beantworteten Fragen. Nach Ablauf der Zeit werden die Rollen getauscht und die Lehrkraft startet erneut einen Timer.
- Abschließend kann die Lehrkraft nachfragen, wer die meisten Fragen beantworten konnte. In jedem Fall sollten Rechtschreib- oder Grammatikfehler in den Fragen aufgegriffen und korrigiert werden.

Alternative

Als analoge Alternative kann die Lehrkraft eine Liste mit ca. 30 Fragen vorbereiten und austeilen. Die Fragen werden dann gemäß des obenstehenden Prinzips in Zweierteams beantwortet.

Word Cloud 

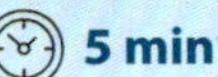 5 min  ab Klasse 6  Writing, Speaking

Beschreibung

Bei diesem Stundeneinstieg soll das Vorwissen der Lernenden aktiviert werden, um gemeinsam eine Wortwolke zu erstellen. Eine *Word Cloud* eignet sich daher insbesondere als Einstieg in ein neues Thema, als Ideensammlung oder als Zusammenfassung.

Benötigte Materialien

ein Smartphone, Tablet oder Laptop pro Schüler*in; digitales Tafelsystem zur Visualisierung der Wortwolke

Durchführung

Answer Garden

- Die Lehrkraft ruft https://answergarden.ch auf und klickt auf **+ CREATE AN ANSWERGARDEN**.
- Im Freifeld kann nun eine Frage oder ein Thema eingegeben werden – im darunterliegenden Abschnitt können weitere Einstellungen vorgenommen werden. Als Modus empfiehlt sich *Classroom*. Zusätzlich kann die Antwortlänge und Sichtbarkeit eingestellt und ein Passwort zur späteren Bearbeitung der Wortwolke vergeben werden.
- Über einen Klick auf **+ CREATE** wird die Wortwolke auf einem digitalen Tafelsystem gestartet.
- Die Schüler*innen können mit ihren Endgeräten nun die angegebene Webseite aufrufen und danach ihre Begriffe eingeben. Die Wörter erscheinen sofort in der Wortwolke – häufiger genannte Begriffe werden hervorgehoben.
- Um die Funktion eines *Warm-ups* zu gewährleisten, sollten Lernende im Anschluss in Zweierteams Gelegenheit haben, über die Wortwolke zu sprechen. Dafür bieten sich die untenstehenden Impulsfragen an.

Mögliche Impulsfragen:

- *What do you notice when you look at the word cloud?*
- *Which words surprise you the most or the least? Why?*

Alternative

Als Alternative bietet sich eine klassische Mindmap an: Die Schüler*innen sammeln zunächst Aspekte, die sie mit ihrem*r Partner*in vergleichen und auf dieser Grundlage Kategorien formulieren, die dann an der Tafel gesammelt werden.

Puzzle Pals

5 min | ab Klasse 6 | Speaking

Beschreibung

Puzzle Pals sind Schüler*innen, die ein Bild zusammensetzen und beschreiben, um gemeinsam ihr Vorwissen zu aktivieren. Der Einstieg eignet sich daher besonders für neue Themen.

Benötigte Materialien

Puzzleschnipsel aus Fotos für alle Schüler*innen; ggf. digitales Tafelsystem zur Visualisierung der zusammengesetzten Bilder

Durchführung

- Vorab sollten je nach Klassen- und gewünschter Gruppengröße 4 – 6 passende Fotos gesucht, gedruckt und in 3 – 5 Teile zerschnitten werden.
- Jede*r Schüler*in erhält einen Schnipsel und sucht nun andere, die das Bild vervollständigen können.
- Sobald das Bild zusammengesetzt wurde, wird es mithilfe von Impulsfragen besprochen. Um als *Warm-up* zu fungieren, sollte die Übung auf Englisch durchgeführt werden.
- Abschließend kann die Lehrkraft die Bilder visualisieren und im Plenum beschreiben und vergleichen lassen.

Beispiel: Stonehenge und Medienkonsum

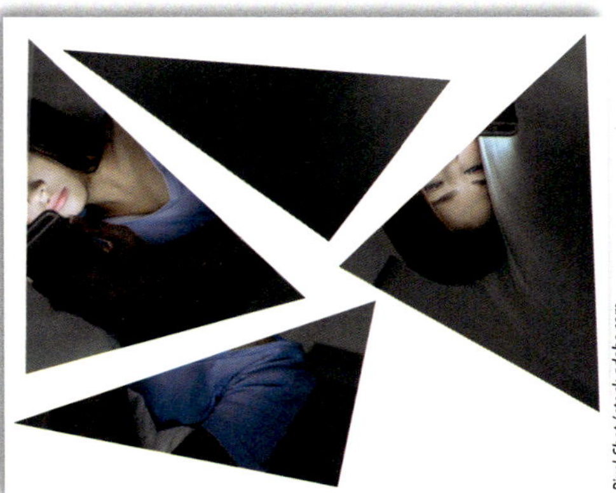

© Pixel-Shot / stock.adobe.com

© Richard Murphy / stock.adobe.com

Tipp

Insbesondere für Schüler*innen, die in der Bildbeschreibung noch ungeübt sind, sollte *Language Support* bereitgestellt werden, z. B. *In the picture you can see…; I think what the picture shows is…; On the left/right there is…* . Zusätzlich sollten Wörterbücher zur Verfügung stehen.

Mögliche Impulsfragen:

- *Describe your photo in detail.*
- *What do all photos have in common? What do you think our next topic is?*

Game of Quotes

4 min | ab Klasse 7 | Speaking

Beschreibung

Beim *Game of Quotes* gilt es, innerhalb der vorgegebenen Zeit ein Zitat zu vervollständigen, indem die Schüler*innen die zugehörigen Hälften finden. Anschließend wird das Zitat mithilfe ausgewählter Impulsfragen besprochen.

Benötigte Materialien

vorbereiteter Klassensatz an Karten mit Zitathälften, (digitales) Tafelsystem zur Visualisierung der Impulsfragen; ggf. Schere, Timer

Durchführung

- Vorab sollten zum Stundenthema passende Zitate herausgesucht, in jeweils zwei Hälften ausgedruckt und als kleine Karten zugeschnitten werden.
- Die Karten werden an die Lernenden verteilt.
- Die Schüler*innen stehen auf und versuchen die Person zu finden, die die zweite Hälfte ihres Zitats in den Händen hält.
- Wenn zwei Schüler*innen glauben, ihre jeweilige Hälfte vervollständigt zu haben, wird das Zitat mithilfe der visualisierten Impulsfragen besprochen.
- Nach Ablauf der Zeit sollte die Lehrkraft erfragen, ob Zitate nicht vervollständigt werden konnten. Außerdem können einzelne Zitate vorgelesen und mithilfe der Impulsfragen besprochen werden, um zum Stundenthema überzuleiten.

Beispiel: California – The Golden State?

"As one went to Europe to see the past,...

...so one must visit Southern California to observe the future." *Alison Lurie*

"I love driving;...

...driving along the California coastline is the best drive in the world." *Alan Jardine*

"I'd rather be in prison in California...

..than free anywhere else." *Inez Haynes Irwin*

Game of Quotes

Tipp

Um gerade jüngeren Klassen die Suche zu vereinfachen, können Schnipsel mit ausgedruckten Zitaten in der Mitte durchgeschnitten werden. So kann ein Zitat auch spontan in drei Stücke zerschnitten werden, um einer ungeraden Anzahl von Schüler*innen zu entsprechen – alternativ kann auch die Lehrkraft eine Hälfte übernehmen.
Für die Suche nach Zitaten empfehlen sich die folgenden Webseiten:

Wikiquote

Goodreads

Brainy Quotes

Quotations Page

Mögliche Impulsfragen:

- *What do you already know about California?*
- *What does your quotation say about California?*
- *Would you like to visit California? Why or why not?*

Placemats

 6 min  ab Klasse 7  Speaking

Beschreibung

Placemats lassen sich sehr gut digital einsetzen – hierbei tauschen sich die Schüler*innen in einer Gruppe über ihr Vorwissen aus und notieren eine gemeinsame Lösung. Die Aktivität eignet sich daher gut für Themeneinstiege.

Benötigte Materialien

ein Tablet oder Laptop pro Schüler*in; digitales Tafelsystem zur Visualisierung der Ergebnisse

Durchführung

Oncoo

- Die Lehrkraft besucht https://www.oncoo.de klickt auf den gelben Sprechblasen-Button und wählt *Placemat* aus.
- Nun kann die Klassen- und Gruppengröße sowie der zeitliche Rahmen für *Think- und Pairphasen* festgelegt werden. Ein Klick auf **ERSTELLEN** erzeugt das ONCOO.
- Die Schüler*innen rufen oncoo.de auf und geben den von der Lehrkraft angezeigten Code ein. Sie werden einer Gruppe zugelost und notieren zunächst ihre individuelle Antwort.
- Nach Ablauf der *Think*-Zeit treffen sich die Lernenden in ihren Gruppen (nach Farben) und stellen sich ihre Antworten vor. Um als *Warm-up* zu fungieren, sollte dies auf Englisch erfolgen.
- Abschließend formulieren die Schüler*innen eine Gruppenantwort und geben diese ein. Alle Ergebnisse werden nun am digitalen Tafelsystem visualisiert und mithilfe der unten stehenden Impulsfragen reflektiert.

Mögliche Impulsfragen:

- *What similarities or differences are there?*
- *What new information did you learn?*
- *What else do you know about the topic?*

Alternative

Alternativ kann ein A3-Papier in fünf Abschnitte aufgeteilt werden: Vier größere für individuelle Antworten, einen kleinen in der Mitte für die Gruppenlösung, die auch auf einer Metaplankarte notiert werden kann, um sie an der Tafel zu visualisieren.

Share & Learn

 4 min  ab Klasse 7  Writing, Speaking

Beschreibung

Share & Learn ist ein Einstieg, bei dem die Lernenden ihr Vorwissen mit ihren Mitschüler*innen teilen und so voneinander profitieren und lernen können. Die Aktivität eignet sich daher als Themeneinstieg – entweder nach einem Rechercheauftrag oder zur Abfrage von bereits vorhandenem Vorwissen.

Benötigte Materialien

Klassensatz an Karteikarten; ggf. Timer

Durchführung

- Jede*r Schüler*in erhält eine Karteikarte und notiert einen Fakt zum Thema. Sollte eine Recherche vorangegangen sein, lohnt es sich, die Schüler*innen etwas aufschreiben zu lassen, was sie besonders überrascht hat.
- Die Schüler*innen stehen auf und suchen sich eine*n Partner*in – ggf. bildet sich eine Dreiergruppe. Die Teams haben nun 30–60 Sekunden Zeit, sich untereinander ihre Fakten vorzustellen.
- Nach Ablauf der Zeit tauschen die Schüler*innen ihre Karteikarten und suchen sich eine*n neue Partner*in, dem*r nun die kürzlich erlernte Information vorgestellt wird.
- Dieser Schritt kann je nach Zeit beliebig oft wiederholt werden.
- Im Anschluss wird der Einstieg im Plenum reflektiert. Wurde individuelles Vorwissen abgefragt, sollte sichergestellt werden, dass sich kein falsches Wissen festigt, z. B. indem die genannten Informationen in einer Mindmap gesichert werden. Ebenso bieten sich die untenstehenden Impulsfragen für die Reflexion an.

Mögliche Impulsfragen:

- *What new information did you learn?*
- *Which information surprised you the most / least? Why?*
- *What else do you know about the topic?*

Performance Generator

 6 min | ab Klasse 5 | Speaking

Beschreibung

Der *Performance Generator* bestimmt eine zufällige Kombination aus vorzulesender Aussage und darzustellender Emotion. Der Einstieg eignet sich für einen Exkurs ins darstellerische Spielen sowie zur Übung vom Beschreiben von Emotionen mit Adjektiven.

Benötigte Materialien

Klassensatz an vorbereiteten Arbeitsblättern, Würfel

Durchführung

- Vorab bereitet die Lehrkraft ein Arbeitsblatt vor, das eine Tabelle mit drei Spalten enthält. In die linke Spalte werden die Zahlen von 1–6 eingetragen, in die mittlere sechs Sätze (z.B. aus einem den Schüler*innen bekannten Text). Zuletzt werden in die rechte Spalte sechs Emotionen eingetragen.
- Die Schüler*innen erhalten zu zweit ein Arbeitsblatt und einen Würfel. Sie würfeln nun abwechselnd zweimal, bestimmen so Satz und Emotion und stellen diese *Performance* vor.
- Abschließend können einzelne Darbietungen vorgetragen und der Einstieg mithilfe von Impulsfragen reflektiert werden.

Beispiel: Homework

①	*I forgot to do my homework.*	*sad*
②	*My homework is difficult!*	*happy*
③	*Can you help me with my homework?*	*angry*
④	*I always do my homework the day I get it.*	*surprised*
⑤	*My English homework was easy!*	*scared*
⑥	*There is no homework today!*	*shy*

Tipp

Für mehr Variation eignen sich Würfel mit mehr als sechs Seiten. Für ältere Jahrgänge können Sätze und Emotionen anspruchsvoller sein (z.B. durch den Einsatz von Shakespeare-Zitaten oder schwierigen Emotionen wie *desperate* oder *indifferent*).

Mögliche Impulsfragen:

- *Which emotion was the easiest/hardest to perform? Why?*
- *Which sentence and emotion (did not) fit together?*
- *Which performance of your partner convinced you the most/least?*

No Yes, No No

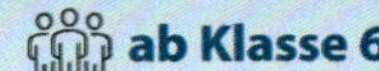

Beschreibung

Bei *No Yes, No No* dürfen die Schüler*innen einander abwechselnd alle möglichen Fragen stellen – diese aber nicht mit *Yes* oder *No* beantworten. Der Einstieg eignet sich daher besonders, um das Formulieren von Fragen zu üben.

Benötigte Materialien

Karten mit Beispielfragen; ggf. Timer

Durchführung

- Die Klasse teilt sich in Zweier- bis Dreiergruppen auf.
- Nachdem die Lehrkraft einen zeitlichen Rahmen festgelegt hat (idealerweise 2 – 4 Minuten), dürfen die Teams nun abwechselnd Fragen stellen oder sich über ein vorgegebenes Thema unterhalten. Um die Funktion eines *Warm-ups* zu erfüllen, sollte dabei Englisch gesprochen werden.
- Die Schüler*innen fertigen während der Unterhaltung eine Strichliste an und zählen, wie oft *Yes* oder *No* gesagt wurde.
- Nach Ablauf der Zeit kann die Lehrkraft den Einstieg reflektieren und in Erfahrung bringen, welches Team am besten ohne *Yes* oder *No* auskommen konnte.

Beispiel: Your weekend

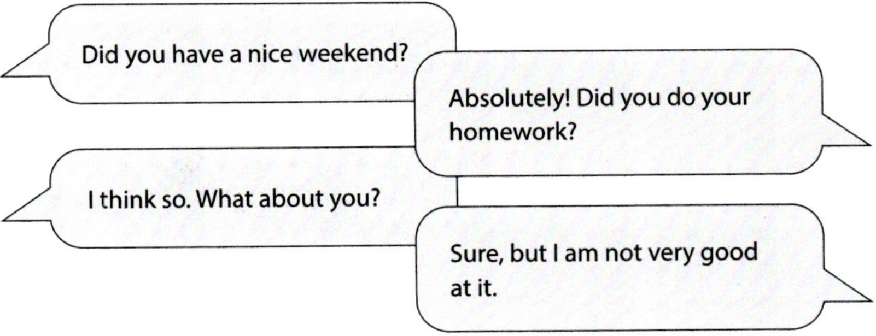

Tipp

Im Sinne der Binnendifferenzierung können für unsichere Lernende Hilfekarten, z. B. in Form von vorbereiteten Fragen über das vergangene Wochenende oder ein bestimmtes Thema vorbereitet werden.

Mögliche Impulsfragen:

- *Which questions did you ask?*
- *Which questions were easy / difficult to answer without Yes or No? Why?*

Word Sneak

5 min | ab Klasse 6 | Speaking

Beschreibung

Bei *Word Sneak* unterhalten sich die Schüler*innen zu zweit und müssen dabei fünf geheime Begriffe in das Gespräch einfließen lassen, ohne dass die andere Person diese errät. Der Einstieg eignet sich daher zur Wiederholung neuer Vokabeln.

Benötigte Materialien

zwei Karten mit jeweils fünf kürzlich erlernten Vokabeln; ggf. Timer

Durchführung

- Vorab sollten zwei Wortgruppen erstellt und auf einem Arbeitsblatt oder einer Karte festgehalten werden. Idealerweise bietet das Material Platz für Notizen.
- Zwei Lernende erhalten eine unterschiedliche Wortgruppe und unterhalten sich für eine vorgegebene Zeit (2 – 3 Minuten). Sie versuchen dabei, die Vokabeln ihrer Wortgruppe in das Gespräch einfließen zu lassen. Gleichzeitig versuchen sie, die Begriffe zu erraten, die ihr*e Gesprächspartner*in in das Gespräch einfließen lassen muss, und notieren diese.
- Nach Ablauf der Zeit vergleichen die Gesprächspartner*innen ihre Vermutungen.
- Abschließend kann der Einstieg mithilfe der unten stehenden Impulsfragen reflektiert werden.

Beispiel: Welcome to London!

Word Group A	Word Group B
London Bridge, cab, Greenwich, tourist information, to go sightseeing	________ ________ ________ ________ ________

Word Group A	Word Group B
________ ________ ________ ________ ________	Buckingham Palace, tube, Thames, theatre, to go by train

Mögliche Impulsfragen:

- *Which words were easy to sneak in? Why?*
- *Which words were difficult to sneak in? Why?*
- *What was your strategy sneaking in your words?*

What's My Problem?

7 min | ab Klasse 7 | Speaking

Beschreibung

Bei *What's My Problem*? müssen die Lernenden ein unbekanntes Problem erraten, und zwar anhand der Ratschläge, die sie von Mitschüler*innen erhalten. Der Einstieg eignet sich besonders zum Üben von Ratschlägen oder als Einstieg in Stunden mit einer klaren Problemorientierung.

Benötigte Materialien

Klassensatz mit ausgedruckten Problemen; ggf. Klebestreifen oder Sicherheitsnadeln, Timer

Durchführung

- Vorab sollte die Lehrkraft einen Klassensatz mit Problemen (idealerweise mit Themenbezug) erstellen und ausdrucken.
- Jedem*r Schüler*in wird ein Problem am Rücken befestigt – entweder mit Sicherheitsnadeln oder Klebestreifen.
- Die Lernenden laufen umher und fragen einander nach Rat.
- Anhand der erhaltenen Ratschläge versuchen sie, das auf ihrem Rücken befindliche Problem zu erraten. Wenn sie sich sicher sind, können sie die anderen bitten zu überprüfen, ob sie ihr Problem richtig erraten haben. Dann helfen diese Schüler*innen anderen dabei, ihr Problem zu erraten.
- Zuletzt kann der Einstieg mittels Impulsfragen reflektiert werden.

Beispiel: Jobs

I want to become a vet, but I don't know what a horse is, and I am too afraid to ask.

I am an astronaut, but I am afraid of heights and never want to go to space.

I want to become a singer, but every time I sing in the shower, my neighbor calls an ambulance.

I am a teacher, but I don't like children.

Tipp

Insbesondere für jüngere Schüler*innen sollte *Language Support* bereitgestellt werden, z. B. *My advice is to...; If I were you, I would...; You should...* .

Mögliche Impulsfragen:

- *Was your problem easy/difficult to guess? Why?*
- *What was the best/worst advice you have heard?*
- *What was your strategy giving advice?*

GIF-Battle

 8 min 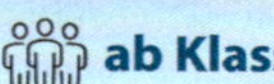 ab Klasse 7  Speaking

Beschreibung

GIF-Animationen sind fester Bestandteil der modernen Gesprächskultur geworden. Beim *GIF-Battle* suchen die Schüler*innen passende Reaktionen heraus und beurteilen die Auswahl anderer. Der Einstieg eignet sich daher, um das Begründen zu üben oder als motivierender Energizer.

Benötigte Materialien

ein Smartphone, Tablet oder Laptop pro Schüler*in; ggf. Karten mit Themenvorschlägen

Durchführung

Giphy

- Die Lernenden kommen in Dreier- bis Vierergruppen zusammen und rufen https://www.giphy.com auf.
- Ein*e Schüler*in wird pro Runde zur Spielleitung erklärt, nennt eine Beispielsituation oder zieht einen Themenvorschlag und startet einen kurzen Timer (20 – 30 Sekunden).
- Die anderen suchen eine dazu passende GIF-Animation heraus und zeigen diese nach Ablauf des Timers der Spielleitung.
- Die Spielleitung beurteilt die Auswahl der Mitspieler*innen und vergibt ein und zwei Punkte (bei Dreiergruppen) oder ein, zwei und drei Punkte (bei Vierergruppen).
- Danach wird die nächste Person zur Spielleitung erklärt und es beginnt eine neue Runde.
- Je nach Zeit können beliebig viele Runden gespielt werden – es sollte aber jede*r Schüler*in einmal die Rolle der Spielleitung übernommen haben.
- Im Anschluss kann die Lehrkraft die Schüler*innen mit den höchsten Punktzahlen in jeder Gruppe erfragen und ggf. einige gelungene Beispiele präsentieren lassen.

Beispiel: Verschiedene Themenvorschläge

That moment when you know every word in the vocabulary test.

That moment when there is a spider in your bed.

That moment when your parents ask you to do the dishes.

That moment when your teacher says " I need to talk to you after class."

GIF-Battle

Tipp
Insbesondere für jüngere Klassen sollten Themenvorschläge bereitliegen. Zudem sollte *Language Support* bereitgestellt werden, z. B. *That moment when...; I (don't) like your choice because...; Your GIF made me laugh because...* .

Alternative

Wenn nicht genügend Endgeräte zur Verfügung stehen, kann die Lehrkraft eine GIF-Animation ihrer Wahl am digitalen Tafelsystem visualisieren und die Schüler*innen in Kleingruppen für 20 – 30 Sekunden eine passende Situation formulieren lassen. Anschließend verteilen die Teams gemäß dem obenstehenden Prinzip 1 – 3 Punkte an ihre Mitspieler*innen – die eigene Formulierung darf dabei natürlich nicht ausgewählt werden. Dies kann beliebig oft mit anderen Animationen wiederholt werden.

Small Talk Chain

 3 min 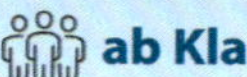 ab Klasse 8  Speaking, Listening

Beschreibung

Bei *Small Talk Chain* müssen die Schüler*innen eine Konversation möglichst lange aufrechterhalten – die Frage des*r Partners*in gibt dabei jeweils den Anfangsbuchstaben der eigenen Antwort vor. Damit ist der Einstieg als allgemeine Gesprächsübung geeignet und schult gleichzeitig das aufmerksame Zuhören.

Durchführung

- Je nach Stundenfokus kann die Lehrkraft ein Thema vorgeben, z. B. *sports*.
- Die Schüler*innen unterhalten sich nun über das vorgegebene Thema. Person A stellt eine Frage zum Thema. Person B muss nun antworten: Dabei muss der letzte Buchstabe der Frage der erste Buchstabe der Antwort sein. Im Anschluss stellt Person B wiederum eine neue Frage, deren letzter Buchstabe den Anfang der Antwort von Person A bildet.
- Die Schüler*innen fahren nach diesem Schema fort: Dabei äußert jede Person immer eine Antwort auf die vorangegangene Frage und eine neue Frage, ohne dabei das Thema zu wechseln. Um als *Warm-up* zu fungieren, sollte darauf geachtet werden, dass Englisch gesprochen wird.
- Nach Ablauf der zur Verfügung stehenden Zeit kann die Lehrkraft den Einstieg mithilfe der unten stehenden Impulsfragen reflektieren.

Beispiel: Sports

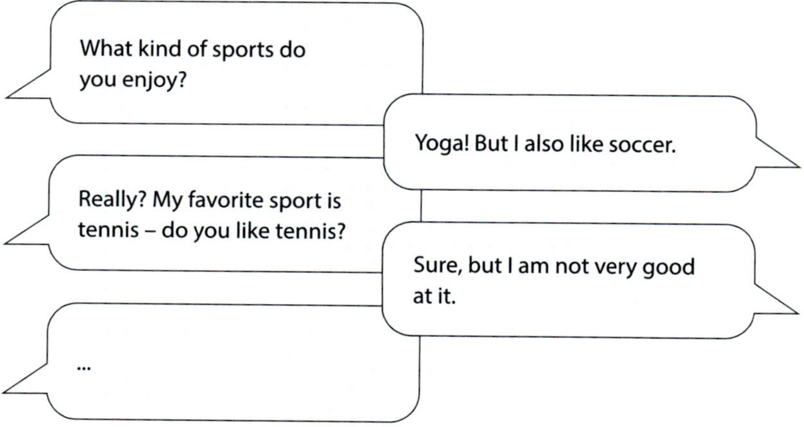

Mögliche Impulsfragen:

- *Which question was easy / difficult to answer? Why?*
- *Which letters were easy / difficult to start your question with? Why?*
- *Did you learn something new about today's topic?*

Timeline Trivia 

 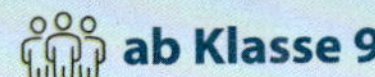 

6 min | ab Klasse 9 | Speaking

Beschreibung

Bei *Timeline Trivia* versuchen die Schüler*innen, möglichst viele historische Ereignisse in einer Zeitleiste zu sortieren. Der Einstieg eignet sich daher für den bilingualen Geschichtsunterricht oder als Einstieg in Stunden mit einem historischen Schwerpunkt.

Benötigte Materialien

ein Smartphone, Tablet oder Laptop pro Zweierteam

Durchführung

LearningApps

- Vorab besucht die Lehrkraft https://learningapps.org/ und wählt unter **APP ERSTELLEN** die Option **ZAHLENSTRAHL ERSTELLEN** aus.
- Auf der sich nun öffnenden Seite können Titel, Aufgabenstellung, Werte des Zahlenstrahls und die zu verortenden Elemente und Lösungen eingegeben werden. Außerdem lassen sich Hinweise und ein abschließendes Feedback eingeben. Ein Klick auf **FERTIGSTELLEN UND VORSCHAU ANZEIGEN** zeigt eine Vorschau der App an, die mit **APP SPEICHERN** gesichert wird.
- Der auf der folgenden Seite unter der App angezeigte Code oder QR-Code kann nun mit den Lernenden geteilt werden.
- Damit diese Übung als *Warm-up* fungieren kann, sollten die Schüler*innen zu zweit versuchen, die Ereignisse auf dem Zeitstrahl zu verorten und dabei ausschließlich Englisch sprechen.
- Nach Ablauf der Zeit kann der Einstieg mithilfe der untenstehenden Impulsfragen reflektiert werden.

Beispiel: American Inventions

LearningApps

Mögliche Impulsfragen:

- *Which events were easy to place on the timeline? Why?*
- *Which events were difficult to place on the timeline? Why?*
- *Today's topic is ...! When do you think this happened?*

Alternative

Alternativ kann die App am digitalen Tafelsystem gestartet werden. Bei jedem Ereignis erhalten die Lernenden 20 – 30 Sekunden Zeit, sich über ihre Vermutungen auszutauschen. Ganz analog kann auf einem Arbeitsblatt auch ein Zeitstrahl mit den zu verortenden Ereignissen vorbereitet werden.

City Guesser

 8 min  ab Klasse 9  Speaking

Beschreibung

Bei *City Guesser* werden die Spieler*innen mit virtuellen Rundgängen konfrontiert, die auf einer Karte verortet werden müssen. Der Einstieg eignet sich insbesondere für den bilingualen Geographieunterricht oder als Einstieg in Stunden mit einem Schwerpunkt auf ein bestimmtes Zielsprachenland.

Benötigte Materialien

ein Smartphone, Tablet oder Laptop pro Zweierteam

Durchführung

City Guesser

- Die Zweierteams rufen https://virtualvacation.us/ (City Guesser) auf und wählen ein Zielsprachenland durch einen Klick auf GUESS! aus, z. B. die USA, Kanada, das Vereinigte Königreich oder Australien. Je nach inhaltlichem Fokus der Stunde kann auch ein Land vorgegeben werden.
- Die Schüler*innen bekommen nun Videos gezeigt, in denen ein Rundgang zu sehen ist – meist ist auch eine Sehenswürdigkeit zu erkennen. Nach einem Klick auf START GUESSING wird eine Karte angezeigt, auf der durch Klicken der gezeigte Ort platziert werden muss – zusätzlich kann über die entsprechenden Steuerungselemente auch in die Karte gezoomt werden.
  Mit GUESS wird die Antwort überprüft. Die angezeigte Distanz notieren die Schüler*innen.
  Ein Klick auf NEXT zeigt den nächsten zu erratenden Ort.
- Um die Funktion eines *Warm-ups* zu gewährleisten, sollten die Schüler*innen in Zweierteams arbeiten und sich auf Englisch über ihre Vermutungen austauschen.
- Nach Ablauf der Zeit können im Plenum die Bestleistungen verglichen werden.

Alternative

Alternativ kann das Spiel am digitalen Tafelsystem gestartet werden. Auch kann die Lehrkraft Landkarten kopieren und den Schüler*innen Fotos von Sehenswürdigkeiten zeigen, die sie nach einer kurzen Austauschphase in Zweierteams auf der Karte platzieren sollen.

Beschreibung

Bei *Last One Laughing* dürfen Witze recherchiert und erzählt werden – nur gelacht werden darf nicht. Der Einstieg eignet sich insbesondere als Auflockerung oder Energizer zwischendurch, aber auch als Einstieg in das darstellerische Spielen.

Benötigte Materialien

rote Klebepunkte; ein Smartphone, Tablet oder Laptop pro Schüler*in; ggf. Timer

Durchführung

Dad Jokes

- Die Lehrkraft gibt ein Zeitlimit vor und stellt ggf. einen Timer.
- Die Schüler*innen recherchieren englische Witze online – für Freund*innen des flachen Humors empfiehlt sich z. B. https://dadjokegenerator.com
- Die Schüler*innen tragen einander ihre Witze vor, ohne selbst zu lachen. Wer lacht, klebt sich einen roten Klebepunkt auf die Stirn.
- Ausgeschiedene Schüler*innen können nicht mehr gewinnen, dürfen aber lachen und versuchen, ihre Mitschüler*innen zum Lachen zu bringen.
- Es gewinnt, wer nach Ablauf der Zeit keinen roten Punkt auf der Stirn kleben hat. Im Sinne der Metareflexion können anschließend die besten oder schlechtesten Witze erfragt werden.

Tipp

Durch die unten stehende analoge Alternative lässt sich der Einstieg durch eine angemessene Auswahl an Witzen auch für jüngere Klassenstufen nutzen.

Alternative

Als analoge Alternative bietet es sich an, vorab verschiedene Witze auszusuchen und auf Karten zu drucken. Ergänzend können Requisiten (Masken, Brillen, Perücken, etc.) mitgebracht und zur Verfügung gestellt werden.

Talk & Draw 

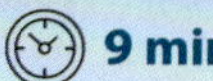 9 min 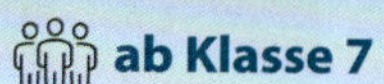 ab Klasse 7  Speaking

Beschreibung

Bei *Talk & Draw* müssen die Schüler*innen ein Bild zeichnen und sich dabei einzig und allein auf die Beschreibungen eines*r Partners*in verlassen. Dieser Einstieg ist daher besonders geeignet, um Bildbeschreibungen zu üben.

Benötigte Materialien

ein Smartphone, Tablet oder Laptop pro Zweierteam; ggf. Timer

Durchführung

- Die Schüler*innen bilden Zweierteams.
- Schüler*in A erhält nun etwa 30 Sekunden Zeit, online nach einem zum Thema passenden Bild zu suchen.
- Anschließend beschreibt Schüler*in A das Bild so genau wie möglich, Schüler*in B hat 2–3 Minuten Zeit, das Bild bestmöglich zu skizzieren.
- Nach Ablauf der Zeit vergleichen die Teams das Original mit der Skizze.
- Schüler*in A und Schüler*in B tauschen nun die Rollen und wiederholen die Vorgehensweise.
- Abschließend kann der Einstieg im Plenum aufgefangen werden, indem einzelne Kunstwerke präsentiert und mit den Originalen verglichen werden.

Tipp

Insbesondere für jüngere oder in der Bildbeschreibung ungeübte Schüler*innen sollte *Language Support* bereitgestellt werden, z. B. *There is a... on the left/right/in the middle; In the background/foreground there is....* .

Alternative

Als analoge Alternative kann die Lehrkraft vorab zwei thematisch passende Bilder aussuchen und ausgedruckt mitbringen. Schüler*in A und Schüler*in B beschreiben sich diese nun abwechselnd. Je skurriler die Bilder, desto lustiger die Ergebnisse.

Same Difference

 5 min  ab Klasse 8 Speaking

Beschreibung

Same Difference lädt dazu ein, Unterschiede zwischen zwei Bildern zu finden – dabei sehen die Lernenden aber nur ein Bild, das sie im Detail beschreiben müssen. Dieser Einstieg ist daher geeignet, um sehr detaillierte Bildbeschreibungen zu üben.

Benötigte Materialien

Ausdrucke von einem Bild in zwei Ausführungen pro Zweierteam; ggf. (digitales) Tafelsystem zum Visualisieren der beiden Ausführungen, Timer

Durchführung

- Vorab sucht die Lehrkraft im Internet ein geeignetes Bild (idealerweise mit Themenbezug): Für gewöhnlich lässt sich über die Bildersuche mit der Eingabe „Spot the difference" und dem Thema, z. B. „Christmas", eine große Auswahl generieren. In der Bildbearbeitung versierte Kolleg*innen können natürlich auch ein eigenes Bild manipulieren.
- Die Lehrkraft druckt die zwei Ausführungen auf ein Blatt Papier und schneidet es in zwei Hälften.
- Schüler*in A erhält nun eine Ausführung, Schüler*in B die andere. In Zweierteams beschreiben beide ihre Bilder im Detail, um die geforderte Anzahl an Unterschieden zu finden. Je nach Schwierigkeitsgrad sollte den Schüler*innen hierfür 3 – 5 Minuten zur Verfügung gestellt werden.
- Nach Ablauf der Zeit kann das Bild in beiden Ausführungen am Tafelsystem visualisiert und die Unterschiede gemeinsam besprochen werden.

Beispiel: Christmas

Tipp

Bei einer ungeraden Klassengröße kann die Lehrkraft mit einem*r Schüler*in zusammenarbeiten oder eine Dreiergruppe bilden, in der zwei Personen das gleiche Bild beschreiben. Insbesondere für jüngere oder in der Bildbeschreibung ungeübte Schüler*innen sollte *Language Support* bereitgestellt werden, z. B. *There is a ... on the left / right / in the middle; In the background / foreground there is...* .

Stills Puzzle

 8 min 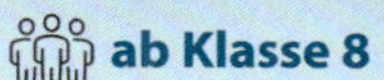 ab Klasse 8  Speaking

Beschreibung

Beim *Stills Puzzle* rekonstruieren die Schüler*innen einen Film(-ausschnitt), indem sie Schnappschüsse nur beschreiben und niemandem zeigen. Der Einstieg eignet sich daher, um visuelle Medien zu rekapitulieren, oder um die Bildbeschreibung zu üben.

Benötigte Materialien

Klassensatz ausgedruckter *Stills*; ggf. (digitales) Tafelsystem zum Visualisieren der Lösung, Timer

Durchführung

Film grab

- Vorab fertigt die Lehrkraft von einem beliebigen Film(-ausschnitt) ca. 10 Schnappschüsse an: Dies gelingt über die Screenshot-Funktion des Computers oder mithilfe des VLC Media Players. Die Suche bei https://film-grab.com kann hilfreich sein.
- Jede*r Schüler*in erhält nun einen Ausdruck mit einer Hälfte der Schnappschüsse, die dem*r Partner*in nicht gezeigt und nur beschrieben werden dürfen. Zu zweit wird nun versucht, alle *Stills* in die richtige Reihenfolge zu bringen. Dabei sollte Englisch gesprochen werden, um als *Warm-up* zu fungieren.
- Wenn die Lerngruppe fertig oder die Zeit abgelaufen ist, kann die Lösung visualisiert oder der Filmausschnitt gezeigt werden.

Beispiel: Little Red Riding Hood and the Wolf by Roald Dahl

Tipp

Um den Anspruch zu erhöhen, können auch *Stills* einer unbekannten Verfilmung ausgeteilt werden – die Textvorlage sollte aber bekannt sein. Auch kann für jede*n Schüler*in ein individueller Schnappschuss ausgeteilt werden – die gesamte Klasse versucht dann kooperativ, die *Stills* zu ordnen, indem sie sich in einer Reihe aufstellen. Auch können einzelne *Panels* eines *Graphic Novels* genutzt werden. *Language Support* sollte bereitgestellt werden, z. B. *My still shows...; I think this is the scene in which...; I think my still comes before / after yours.*

Would You Rather …? 

 5 min  ab Klasse 6  Speaking

Beschreibung

Das Spiel *Would You Rather …?* stellt die Schüler*innen vor schwierige Entscheidungen. Als Stundeneinstieg eignet es sich daher als Argumentationsübung oder für Stunden, in denen schwierige Entscheidungssituationen im Vordergrund stehen.

Benötigte Materialien

ein Smartphone, Tablet oder Laptop pro Zweierteam, inkl. Kopfhörer; ggf. (digitales) Tafelsystem zum Visualisieren des QR-Codes

Durchführung

- Vorab sucht die Lehrkraft ein für die Lerngruppe geeignetes YouTube-Video heraus und stellt den Schüler*innen einen QR-Code bereit, der auf das Video verweist. Unter dem Suchbegriff *Would you rather…?* finden sich auf YouTube zahlreiche Videoclips zu unterschiedlichen Themenbereichen.
- Zu zweit teilen sich die Schüler*innen nun ein Kopfhörerpaar; schauen das Video und pausieren es an den entsprechenden Entscheidungssituationen, um sich darüber auszutauschen. Um die Funktion eines *Warm-ups* zu gewährleisten, sollten die Schüler*innen ihre Meinungen unbedingt auf Englisch begründen.
- Im Anschluss sollte der Einstieg im Plenum reflektiert werden – dafür bieten sich die unten stehenden Impulsfragen an.

Mögliche Impulsfragen:

- *Which decision was easy / difficult to make? Why?*
- *In which case did your partner convince you of his / her opinion?*

- *Which argument was the most convincing?*

Alternative

Als analoge Alternative bieten sich 3 – 5 an der Tafel visualisierte Entscheidungssituationen an, die das Stundenthema vorentlasten werden. Für jede Entscheidung haben die Schüler*innen 60 – 90 Sekunden Zeit.

Oh, really?

 3 min 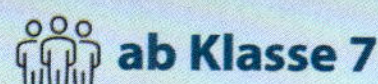 ab Klasse 7  Speaking

Beschreibung

Bei *Oh, really?* unterhalten sich die Schüler*innen über ein vorgegebenes Thema und versuchen dabei stets, die Aussage ihres*r Partners*in zu überbieten. Als Stundeneinstieg eignet es sich daher, um die Diskursfähigkeit und Kreativität der Lernenden zu trainieren und das Kurzzeitgedächtnis zu schulen.

Benötigte Materialien

(digitales) Tafelsystem zur Visualisierung einer Aussage; ggf. Timer

Durchführung

- Die Lehrkraft notiert oder visualisiert eine Aussage, die die Grundlage für ein Gespräch zwischen Zweier- oder Dreierteams bildet, z. B. *I always spend Christmas with my family.*
- Die Teams entscheiden, wer beginnt: Schüler*in A liest nun die vorgegebene Aussage vor.
- Schüler*in B beginnt die eigene Äußerung mit „Oh, really?", wiederholt dann die Aussage des*der Gesprächspartners*in und versucht diese, mit einem zusätzlichen Detail zu überbieten.
- Schüler*in A und B wiederholen den letzten Schritt und versuchen, sich so lange zu überbieten, bis die Zeit abgelaufen ist. Um die Funktion eines *Warm-ups* zu gewährleisten, sollten die Schüler*innen dabei stets Englisch sprechen.
- Nach Ablauf der Zeit können einige Beispiele im Plenum angehört und verglichen werden.

Beispiel: Christmas

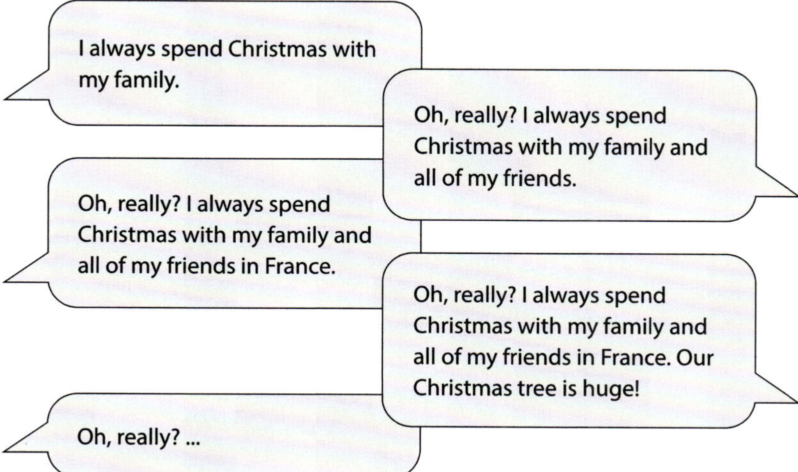

Optimists vs. Pessimists

 5 min  ab Klasse 7 Speaking

Beschreibung

Bei *Optimists vs. Pessimists* unterhalten sich die Schüler*innen über ein Thema und nehmen dabei die Rolle eines*r Optimisten*in oder Pessimisten*in ein. So wird spielerisch Argumentieren geübt.

Benötigte Materialien

vorbereiteter Klassensatz an Rollenkarten, die entweder ein ☺ oder ein ☹ zeigen; ggf. Timer, (digitales) Tafelsystem zur Visualisierung der Gesprächsthemen

Durchführung

- Die Schüler*innen erhalten eine der Rollenkarten, stehen auf und suchen sich eine Person mit der jeweils anderen Rolle. Bei ungerader Anzahl kann sich eine Dreiergruppe bilden oder die Lehrkraft in eine der Rollen schlüpfen.
- Die Lehrkraft gibt ein Gesprächsthema vor oder visualisiert es an der Tafel. Die Lernenden unterhalten sich nun auf Englisch darüber – und sind dem Thema gegenüber positiv (☺) oder negativ (☹) eingestellt.
- Nach einer vorgegebenen Zeit (ca. 60 – 90 Sekunden) tauschen die Gesprächspartner*innen ihre Rollenkarten und besprechen das nächste Thema. Je nach verfügbarer Zeit kann dieser Schritt mit neuen Impulsen beliebig oft wiederholt werden.
- Abschließend kann die Lehrkraft im Sinne der Metareflexion erfragen, welche Rolle oder welches Thema den Schüler*innen leichter oder schwerer gefallen ist.

Beispiel: New York

Talk about moving to New York.

Talk about moving to New York.

Tipp

Insbesondere für jüngere oder ungeübte Schüler*innen sollte *Language Support* bereitgestellt werden, z. B. *I (don't) like...; I (don't) agree with you, because...* .
Der *Language Support* kann zusätzlich auf die Rollenkarten gedruckt werden.

Mögliche Impulsfragen:

- *Talk about moving to New York.*
- *Talk about visiting Times Square.*
- *Talk about meeting new people in a big city.*

Unique Selling Point 

 **7 min** **ab Klasse 9**  **Speaking**

Beschreibung

Bei *Unique Selling Point* müssen die Schüler*innen ein eindeutig nutzloses oder völlig unbekanntes Produkt als nützlich und lebensnotwendig präsentieren. Der Stundeneinstieg eignet sich daher als Argumentationsübung und als Auflockerung.

Benötigte Materialien

ein Smartphone, Tablet oder Laptop pro Schüler*in; ggf. Timer

Durchführung

Inventions

- Die Schüler*innen rufen die Webseite *https://unnecessaryinventions.com* auf und haben ca. 3 Minuten Zeit, sich ein nutzloses Produkt auszusuchen und einen etwa einminütigen *Sales Pitch* vorzubereiten, in dem sie ihre Auswahl als nützlich verkaufen sollen.
- Anschließend präsentieren sich die Schüler*innen ihr Produkt in Zweier- oder Dreierteams für jeweils 1 – 2 Minuten. Um die Funktion eines *Warm-ups* zu erfüllen, sollte diese Präsentation auf Englisch erfolgen.
- Die Schüler*innen geben sich ein kurzes Feedback, ob der *Sales Pitch* überzeugend ausgearbeitet war.
- Im Anschluss sollte der Einstieg im Plenum reflektiert werden – dafür bieten sich die unten stehenden Impulsfragen an.

Tipp

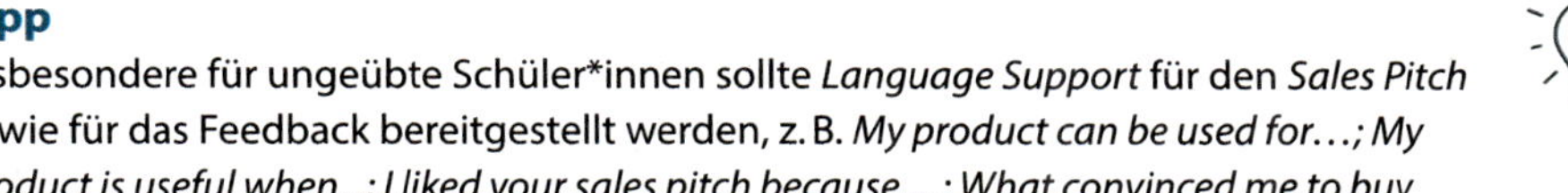

Insbesondere für ungeübte Schüler*innen sollte *Language Support* für den *Sales Pitch* sowie für das Feedback bereitgestellt werden, z. B. *My product can be used for…; My product is useful when...; I liked your sales pitch because…; What convinced me to buy your product was...*.

Mögliche Impulsfragen:

- *What was the most useless product you have seen?*
- *Which argument convinced you the most/least? Why?*
- *Who would like to present their sales pitch to the class?*

Alternative

Als analoge Alternative bieten sich 4 – 6 ausgedruckte Produktideen an, die an die Schüler*innen ausgeteilt werden.

Mind the Gap

 5 min 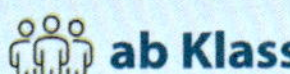 ab Klasse 5  Listening

Beschreibung

Mithilfe von bekannten Liedern lassen sich mit dem Einstieg *Mind the Gap* grammatikalische Strukturen sowie themenspezifisches Vokabular üben.

Benötigte Materialien

ein Smartphone, Tablet oder Laptop mit Lautsprechern

Durchführung

- Vorab sollte die Lehkraft ein Arbeitsblatt erstellen, auf dem ein Songtext zu finden ist, bei dem die zu übenden Inhalte durch eine Lücke zu ergänzen sind.
- Nachdem die Lernenden das Arbeitsblatt erhalten haben, wird ihnen der Song vorgespielt – je nach Schwierigkeit kann dies auch zweimal erfolgen.
- Um die Funktion eines *Warm-ups* zu gewährleisten, sollten die Schüler*innen im Anschluss die Gelegenheit erhalten, ihre Antworten in einer kurzen Murmelphase auszutauschen.

Beispiel: Auswahl an Songs zu verschiedenen Grammatikphänomenen

Type II Conditional Clauses: Madonna – Holiday
Simple Past verbs: Alicia Keys – Underdog
Will-Future: The Beatles – Can't buy me love

Tipp

Um Lieder zu finden, die eine bestimmte grammatikalische Struktur beinhalten, lohnt sich eine Internetrecherche. Die folgende Webseite bietet einen guten Überblick und passende Arbeitsblätter:

Grammar Songs

Time Bomb

 3 min 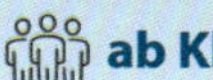 ab Klasse 5  Speaking, Listening

Beschreibung

Bei diesem Einstieg müssen die Schüler*innen möglichst schnell die Inputs ihrer Partner*innen beantworten, bevor die *Time Bomb* explodiert. Dadurch eignet sich diese Aktivität für die Übung von grammatikalischen Strukturen.

Benötigte Materialien

Timer

Durchführung

- Die Lehrkraft legt fest, was die Schüler*innen üben sollen, z. B. die Konjugation eines Verbs, die drei Formen der unregelmäßigen Verben, oder eine Konditionalkette, bei der jeder *main clause* den nächsten *if-clause* bilden soll.
- Die Lehrkraft startet einen Timer von 15 – 45 Sekunden, ohne die Klasse über die Zeit zu informieren.
- In Zweierteams stellen die Lernenden nun ihr Wissen auf die Probe. Dabei gibt Schüler*in A z. B. ein Verb, einen Numerus und eine Person vor – Schüler*in B konjugiert entsprechend. Dabei fungiert Schüler*in A als Korrektiv, bevor Schüler*in B wiederum ein Verb zum Konjugieren durch Schüler*in A vorgibt, und so weiter.
- Wer an der Reihe ist, wenn der Timer abläuft, hat verloren und beginnt die nächste Runde. Je nach zur Verfügung stehender Zeit können drei oder fünf Runden gespielt werden, um in jedem Team einen Sieger zu ermitteln.

Beispiel: Konjugation im *Simple Present* und *Simple Past*

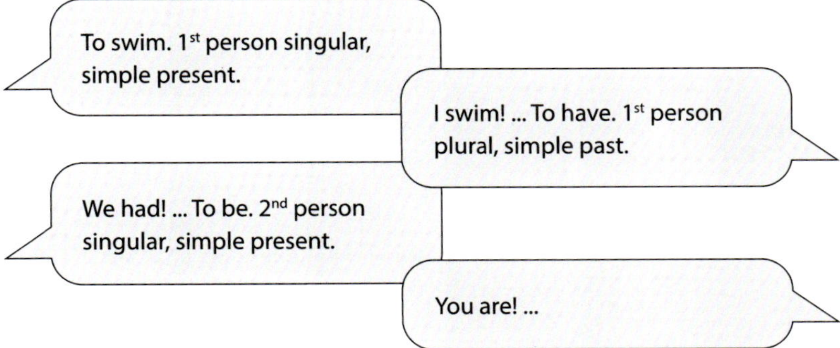

Tipp

Der Einstieg eignet sich auch zur Vokabelabfrage. Bei neuen grammatikalischen Strukturen oder Vokabeln sollten die Schüler*innen Zugang zu einer Übersicht haben, damit sie die Lösung nachschlagen können – dann sollte die auf dem Timer eingestellte Zeit aber nicht zu kurz sein.

Team Marathon

4 min | ab Klasse 6 | Speaking, Listening

Beschreibung

Bei *Team Marathon* bilden die Schüler*innen Fragen oder Sätze, wobei die Aussage des Gegenübers stets die Basis für die eigene Aussage bilden soll. Der Einstieg eignet sich daher für das Üben und Festigen einer neu gelernten Grammatik.

Benötigte Materialien

ggf. Timer

Durchführung

- Die Lehrkraft legt fest, welche grammatikalische Struktur in jedem Satz auftauchen muss – dies kann eine Zeitform, die *if-clauses*, oder auch alle Zeitformen sein. Die Lehrkraft gibt zudem ein Zeitlimit und die zu übende grammatikalische Struktur vor und startet ggf. einen Timer von 2 – 3 Minuten.
- Die Schüler*innen arbeiten zu zweit oder dritt. Schüler*in A formuliert einen Satz oder eine Frage, Schüler*in B formuliert auf Grundlage dieser Aussage einen Satz oder eine Frage, die auf der Äußerung des Gegenübers basiert. Dabei zählen die Schüler*innen jeden ausformulierten Satz in einer Strichliste.
- Nach Ablauf der Zeit kann die Lehrkraft in Erfahrung bringen, welches Zweier- oder Dreierteam die längste Antwortstrecke zurückgelegt und somit den *Team Marathon* gewonnen hat. Zusätzlich sollten Beispielsätze festgehalten und auf ihre Richtigkeit überprüft werden.

Beispiel: The Going-To-Future

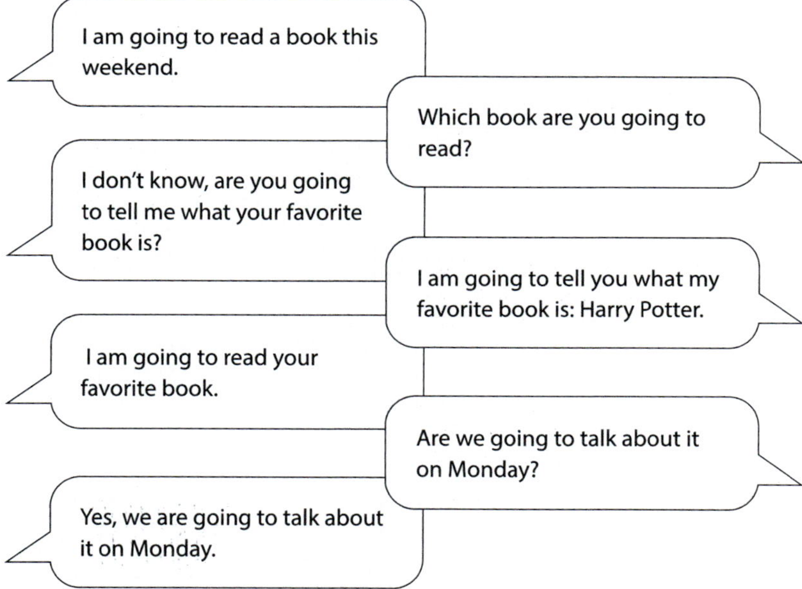

Two Truths and a Lie

 7 min  ab Klasse 6  Writing, Speaking

Beschreibung

Two Truths and a Lie lädt dazu ein, drei Sätze über sich selbst zu verfassen und die Klasse raten zu lassen, bei welchem Satz es sich um eine Lüge handelt. Als Einstieg ist diese Aktivität zur Wiederholung von grammatikalischen Strukturen, aber auch zum Kennenlernen geeignet.

Benötigte Materialien

ggf. (digitales) Tafelsystem zum Visualisieren von Beispielsätzen

Durchführung

- Die Lehrkraft notiert drei Sätze über sich an der Tafel, von denen nur zwei der Wahrheit entsprechen. Diese Sätze sollten die zu wiederholende grammatische Struktur beinhalten. Dafür eigenen sich insbesondere alle Zeitformen.
- Die Lehrkraft liest die Sätze vor und lässt erraten, welcher der Sätze gelogen ist. Nach der Auflösung kann die grammatikalische Struktur noch einmal kurz wiederholt und erklärt werden.
- Nun formulieren die Schüler*innen eigene Sätze über sich selbst und benutzen dabei die geforderte Grammatik. Die Lehrkraft sollte unterstützend agieren.
- Wenn die Schüler*innen fertig sind, tragen sie ihre Sätze dem*der Sitznachbar*in vor und ihr Gegenüber versucht, die Lüge zu identifizieren.
- Sobald alle ihre Sätze vortragen konnten, kann die Lehrkraft nun einzelne Ergebnisse vortragen lassen – dabei sollte auf eine korrekte Verwendung der Grammatik geachtet werden.

Beispiel: *Present Perfect*

I have been to London.
I have never visited a zoo.
I have run a marathon.

Tipp

Insbesondere für jüngere oder ungeübte Schüler*innen sollte *Language Support* bereitgestellt werden, z. B. *I think the first / second / third sentence is a lie, because...; Can you repeat your sentences please?; I am not sure, but my guess would be... .*

Irregular Verb Bingo

 **4 min** 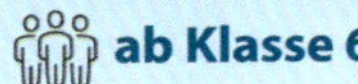 **ab Klasse 6**  **Writing, Listening**

Beschreibung

Ein *Irregular Verb Bingo* lässt die Schüler*innen spielerisch ihre Kenntnisse der unregelmäßigen englischen Verben überprüfen und eignet sich daher zur Übung oder Vertiefung dieser.

Benötigte Materialien

ggf. vorbereitete Arbeitsblätter mit mehreren Bingo-Spielplänen

Durchführung

- Die Schüler*innen zeichnen zwei Bingo-Spielpläne mit 3x3 Feldern in ihr Heft. Um Zeit zu sparen, kann die Lehrkraft auch Arbeitsblätter mit mehreren Bingo-Spielplänen vorbereiten.
- Im linken Spielplan notieren sie neun Formen des *Simple past* von unregelmäßigen Verben ihrer Wahl, im rechten Spielplan neun Formen des *Past participle.*
- Die Lehrkraft nennt nun eine Grundform eines unregelmäßigen Verbs. Die Lernenden streichen – falls vorhanden – die entsprechende Form des *Simple past* im linken und die Form des *Past participle* im rechten Spielplan durch.
- Das Spiel endet, sobald für jeden Spielplan ein*e Gewinner*in gefunden wurde, der*die drei Kreuze in einer horizontalen, vertikalen oder diagonalen Reihe vorweisen kann.
- Um als *Warm-up* zu fungieren, sollten die Schüler*innen im Anschluss ein bis drei Sätze aus ihren angekreuzten Verbformen bilden – dies kann mündlich, aber auch schriftlich mit einem anschließenden mündlichen Vergleich erfolgen.

Beispiel: Unregelmäßige Verben

burnt	beat	became
rode	hid	saw
wrote	knew	threw

seen	become	hidden
thrown	burnt	ridden
written	beaten	known

Tipp

Insbesondere dann, wenn die unregelmäßigen Verben erst kürzlich erlernt wurden, sollten Schüler*innen bei der Spielplanerstellung und ggf. auch während des Spiels Einblick in eine Übersicht der unregelmäßigen Verben erhalten – solch eine Liste findet sich für gewöhnlich in jedem Englischbuch. Auch die Variante *Vocabulary Bingo* ist denkbar.

Chain Reaction

 5 min 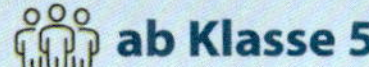 ab Klasse 5  Reading

Beschreibung

Bei *Chain Reaction* müssen die Schüler*innen in einer Kettenreaktion eine Aktion zur richtigen Zeit durchführen. Diese spielerische Übung des Leseverstehens eignet sich als Einstieg und als Energizer zwischendurch.

Benötigte Materialien

Klassensatz vorbereiteter Karten mit verschiedenen Aktionen

Durchführung

- Vorab bereitet die Lehrkraft ca. 30 Karten mit verschiedenen Aktionen vor – außer bei der ersten Karte sollte angegeben werden, auf was die jeweilige Aktion folgt. Die erste Karte sollte als solche gekennzeichnet sein.
- Die Schüler*innen erhalten jeweils eine Karte und führen nacheinander alle ihre Aktionen durch.
- Um als *Warm-up* zu fungieren, sollte der Einstieg anschließend mithilfe von Impulsfragen auf Englisch besprochen und reflektiert werden.

Beispiel:

START:
You begin. Clap your hands!

When someone claps their hands, walk to the board and write your name down.

When someone has written their name on the board, stand on your chair.

When someone is standing on their chair, walk to the board and wipe away the name that has been written on it.

...

Tipp

Sollten Lernende fehlen, so können die verbleibenden Karten an anwesende Schüler*innen ausgeteilt werden, die dann zwei Aktionen durchführen. Für höhere Jahrgangsstufen bieten sich Karten an, auf denen sich jeweils eine Antwort und eine neue Frage (z. B. über einen Text) befindet, die eine Kettenreaktion ergeben.

Mögliche Impulsfragen:

- *What did ... do?*
- *Which was the most difficult/easiest thing to do?*

Text Puzzle

7 min ab Klasse 5 Reading

Beschreibung

Beim *Text Puzzle* müssen die Schüler*innen bekannte oder unbekannte Textpassagen in die richtige Reihenfolge bringen, wobei niemand die ihm*r zugeteilten Passagen aus der Hand geben darf. Der Einstieg eignet sich für Stunden mit einem Fokus auf Textarbeit, oder um bekannte Texte zu rekapitulieren.

Benötigte Materialien

vorbereiteter Klassensatz an Papierschnipseln mit durchnummerierten Textpassagen pro Zweierteam, Briefumschläge

Durchführung

- Vorab sollte die Lehrkraft einen Text vorbereiten, in 4–6 gleich große Passagen unterteilen und durchnummerieren. Je kürzer die Passagen und der Text insgesamt, desto schneller ist der Einstieg durchzuführen. Die Textpassagen werden in entsprechender Anzahl ausgedruckt, ausgeschnitten und auf Briefumschläge verteilt.
- Die Schüler*innen arbeiten in Zweierteams und erhalten jeweils eine Hälfte der Textpuzzleteile.
- Die Puzzleteile werden nun vorgelesen, anschließend versuchen die Teams, den Text wieder zusammenzusetzen – dabei dürfen die zugeteilten Puzzleteile aber von niemand anderen gesehen oder gelesen werden. Ihren Lösungsvorschlag notieren die Teams in Form der richtigen Ziffernfolge. Damit diese Übung als *Warm-up* fungieren kann , sollten die Schüler*innen ausschließlich Englisch sprechen.
- Nach Ablauf der zur Verfügung stehenden Zeit lässt die Lehrkraft den Text in der richtigen Reihenfolge vorlesen und notiert zeitgleich die korrekte Ziffernfolge an der Tafel. Mit dem Text kann im Anschluss mithilfe von Aufgaben zum Leseverstehen weitergearbeitet werden.

Tipp

Insbesondere jüngere Schüler*innen sollten *Language Support* erhalten, um ihnen die Sortierung zu erleichtern z. B. *I think I have the first/second/third ... part; I think you are right/wrong; My passage comes next.*

Four Corners

 5 min  ab Klasse 6  Reading, Speaking

Beschreibung

Bei *Four Corners* ordnen sich die Schüler*innen einer Aussage zu, die sie unterstützen und kurz begründen können. Als Einstieg schult dies das Leseverständnis der Schüler*innen und kann den Unterrichtsinhalt vorentlasten und Vorwissen aktivieren.

Benötigte Materialien

vier ausgedruckte Aussagen; ggf. Magnete, Klebeband

Durchführung

- Vorab findet die Lehrkraft vier Aussagen, die zum Stundeninhalt passen – die Aussagen sollten möglichst kontrovers sein und zum Diskutieren einladen. Jede Aussage sollte groß auf ein Blatt Papier gedruckt werden. Die Aussagen werden nun in verschiedenen Ecken des Klassenraumes verteilt.
- Die Lernenden stehen auf, gehen durch den Klassenraum und lesen sich die Aussagen durch. Dann stellen sie sich in diejenige Ecke, bei der sie der Aussage am ehesten zustimmen können. Sie sollten nun 1 – 2 Minuten Zeit bekommen, sich in Kürze darüber auszutauschen, warum sie diese Aussage unterstützen können. Um als *Warm-up* zu fungieren, sollten die Schüler*innen dabei ausschließlich Englisch sprechen.
- Abschließend sollte die Lehrkraft Argumente für die einzelnen Ecken äußern lassen.

Beispiel: *Vacations*

I want to spend
my next vacation
at the beach.

I want to spend
my next vacation
in the mountains.

I want to spend
my next vacation
in a city.

I want to spend
my next vacation
at home.

Tipp

Sollte ein*e Schüler*in allein in einer Ecke stehen, kann er*sie sich mit der Lehrkraft über ihre Entscheidung austauschen. Alternativ können zwei einzelne Schüler*innen aus zwei unterschiedlichen Ecken ihre Entscheidung diskutieren.

Reading Relay Race

 8 min  ab Klasse 6  Reading, Writing

Beschreibung

Beim *Reading Relay Race* müssen im Raum versteckte Fragen über einen Text gefunden und beantwortet werden. Der Einstieg eignet sich besonders zur Übung des Leseverstehens, aber auch als Einstieg in ein neues Thema.

Benötigte Materialien

vorgefertigtes Arbeitsblatt mit einem ausgewählten Text und Platz für Notizen, mindestens fünf Fragen zum Text auf farbigem Papier

Durchführung

- Vorab sollte ein Arbeitsblatt erstellt werden, auf dem ein kurzer Text (maximal 300 Wörter) zu finden ist, der ein neues Thema eröffnet oder dem Schulbuch entstammt. Passende Fragen sollten einzeln ausgedruckt und im Raum verteilt oder aufgehangen werden – und zwar mit der Rückseite nach vorne.
- Die Lernenden lesen den Text und suchen eine Frage im Raum. Das Textblatt darf dabei nicht mitgenommen werden, die Fragen müssen also eingeprägt und am Sitzplatz notiert werden, bevor die Antwort im Text gefunden und ebenfalls notiert wird.
- Schüler*innen, die schneller fertig sind, können ihren Mitschüler*innen helfen und ihnen fehlende Fragen, nicht aber die dazugehörigen Antworten nennen.
- Um die Funktion eines *Warm-ups* zu erfüllen, sollten die Lernenden im Anschluss Gelegenheit haben, ihre Antworten in Zweierteams zu vergleichen, bevor die Lösungen im Plenum verglichen werden.

Beispiel: *At the zoo (William Makepeace Thackeray)*

First I saw the white bear, then I saw the black;/Then I saw the camel with a hump upon his back;/Then I saw the grey wolf, with mutton in his maw;/Then I saw the wombat waddle in the straw;/Then I saw the elephant a-waving of his trunk;/Then I saw the monkeys—mercy, how unpleasantly they smelt!

Question #1: Which animal did he see after the white bear?

Question #2: What colour was the wolf?

Question #3: What was the elephant waving?

Question #4: What did the wombat do?

Question #5: Which animals smelt unpleasantly?

Tipp

Um ein Chaos im Klassenraum zu vermeiden, sollten die Fragen im gesamten Raum verteilt werden. Bei weniger als zehn Fragen lohnt es sich, jede Frage zweimal aufzuhängen – insbesondere zur Unterstützung jüngerer Lerngruppen kann die Rückseite der Fragen mit Ziffern oder Buchstaben versehen werden, um die Orientierung zu erleichtern.

Talk to Books 

 6 min  ab Klasse 8  Reading, Writing, Speaking

Beschreibung

Bei *Talk to Books* handelt es sich um eine experimentelle künstliche Intelligenz, die in 100 000 Büchern Antworten auf die eingegeben Fragen zu finden versucht. Der Einstieg eignet sich zur Übung des Leseverstehens, aber auch für die Lektürearbeit.

Benötigte Materialien

ein Smartphone, Tablet oder Laptop pro Schüler*in; ggf. Timer

Durchführung

Talk to books

- Die Schüler*innen besuchen die Webseite https://books.google.com/talktobooks.
- Sie geben eine Frage ein, auf die sie eine Antwort wünschen und bestätigen mit einem Klick auf GO ihre Auswahl. Dies kann z. B. eine Frage sein, die in der gemeinsamen Lektürearbeit aufgetaucht ist. Dabei ist auf eine korrekte Schreibweise und Grammatik zu achten.
- Nun werden Antworten aufgelistet, die verschiedene Bücher auf diese Frage geben. Die Lernenden notieren ihre Frage sowie die überzeugendste Antwort. Je nach verbleibender Zeit können die Schüler*innen weitere Suchanfragen starten.
- Um die Funktion eines *Warm-ups* zu gewährleisten, sollten die Lernenden Zeit haben, sich nach ihrer individuellen Recherche in Zweierteams über die überzeugendsten Antworten auf ihre Fragen auszutauschen. Dies kann zusätzlich im Plenum erfolgen.

Alternative

Alternativ können Karten mit verschiedenen Fragen und Antworten vorbereitet werden, die die künstliche Intelligenz geliefert hat. Jede*r Schüler*in erhält eine Karte und sucht sich eine*n Partner*in. Die Lernenden stellen sich ihre Fragen und Antworten vor und begründen, inwiefern sie die Antwort überzeugt. Anschließend tauschen sie die Karten und suchen sich eine*n neue*n Partner*in.

Charades

 6 min ab Klasse 6 Speaking

Beschreibung

Bei *Charades* sollen die Schüler*innen bekanntes Vokabular pantomimisch darstellen und dabei als Zweierteam möglichst viele Begriffe richtig erraten. Der Einstieg eignet sich besonders gut, um kürzlich gelerntes Vokabular zu wiederholen.

Benötigte Materialien

(digitales) Tafelsystem zum Visualisieren der Begriffe; Timer

Durchführung

- Vorab sucht die Lehrkraft 10 – 20 geeignete Vokabeln aus und teilt diese in zwei Wortgruppen ein, die sie entweder auf den beiden Rückseiten der Tafelflügel festhält oder digital visualisiert.
- Die Lernenden bilden ein Team mit ihrem*r Sitznachbar*in. Person A dreht den Rücken zur Tafel.
- Die Lehrkraft startet einen Timer von 60 – 120 Sekunden und präsentiert die erste Wortgruppe. Person B versucht nun, die angezeigten Begriffe pantomimisch darzustellen, darf aber frei zwischen den Begriffen wählen und jederzeit wechseln. Person A muss den englischen Begriff nennen und notiert jede richtige Antwort.
- Nach Ablauf der Zeit dreht Person B den Rücken zur Tafel und die Zweierteams tauschen die Rollen. Nach dem gleichen Prinzip wird nun mit der zweiten Wortgruppe verfahren.
- Abschließend kann die Lehrkraft die Anzahl der richtig erratenen Begriffe im Plenum vergleichen und einzelne Begriffe beispielhaft pantomimisch darstellen lassen.

Tipp

Bei einer ungeraden Anzahl von Schüler*innen kann ein Dreierteam gebildet werden, bei dem einmal zwei Personen raten und einmal zwei Personen pantomimisch darstellen, entweder zeitgleich oder abwechselnd.

Funny Fill-In 

 7 min  ab Klasse 6  Writing, Reading, Speaking

Beschreibung

Bei *Funny Fill-In* geben die Schüler*innen Wörter in einen Online-Generator ein, ohne zu wissen, an welcher Stelle sie in einer Geschichte landen. Dies eignet sich als Übung der Wortarten und als Einstieg in Stunden mit Fokus auf kreativem Schreiben.

Benötigte Materialien

ein Smartphone, Tablet oder Laptop pro Schüler*in

Durchführung

Funny Fill-in

- Die Lernenden rufen die Webseite https://kids.nationalgeographic.com/games/funny-fill-in auf und wählen eine der zur Verfügung stehenden Geschichten aus – je nach inhaltlichem Fokus der Stunde kann die Lehrkraft auch eine passende Geschichte vorgeben.
- Die Schüler*innen geben für alle Kategorien (z. B. *adjective, color, animal*) je einen Begriff ein. Die fertige Geschichte kann durch einen Klick auf **READ!** gelesen werden.
- In Zweierteams lesen sich die Schüler*innen nun ihre Geschichten vor und geben sich ein kurzes Feedback. Um als *Warm-up* zu fungieren, sollten sie dabei Englisch sprechen.
- Im Plenum kann anschließend eine kleine Auswahl der Geschichten vorgelesen werden.

Tipp

Da die Vorlagen unterschiedlich umfangreich sind, bietet sich für das Vorlesen das Lerntempoduett an: So könnten sich fertige Schüler*innen an einem bestimmten Punkt im Klassenraum treffen und sich ihre Ergebnisse vorlesen. Die Webseite *National Geographic Kids* bietet zudem viele weitere Spiele an, die unter https://kids.nationalgeographic.com/games aufgerufen werden können.

Alternative

Als analoge Alternative bieten sich die Vorlagen von *MadLibs* an, die unter https://www.madlibs.com/printables/ heruntergeladen werden können: Zwei Schüler*innen erhalten dabei unterschiedliche Vorlagen und erfragen gegenseitig die einzusetzenden Wörter.

Job Interview

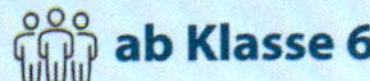

7 min | ab Klasse 6 | Writing, Speaking

Beschreibung

Bei *Job Interview* müssen die Schüler*innen Bewerbungsgespräche simulieren und anhand der Fragen erraten, für welchen Beruf sie sich bewerben. Der Einstieg eignet sich, um gelernte Berufe zu wiederholen und das Fragenstellen zu üben.

Benötigte Materialien

ggf. vorbereiteter Klassensatz an Karten mit Berufen

Durchführung

- Vorab erstellt die Lehrkraft Karten, auf denen den Schüler*innen bekannte Berufe stehen.
- In Zweierteams erhält jede*r Schüler*in eine Karte, die nicht dem*r Partner*in gezeigt werden darf. Der Beruf auf der Karte ist der Beruf, für den sich der*die Partner*in vorstellt.
- Die Teams haben ca. 2 Minuten Zeit, Fragen für das Vorstellungsgespräch ihres*r Partners*in vorzubereiten.
- Nun liest Schüler*in A die vorbereiteten Fragen vor, Schüler*in B antwortet wahrheitsgemäß. Nach ca. 1 – 2 Minuten versucht Schüler*in B zu erraten, für welchen Beruf er*sie sich „beworben" hat. Anschließend werden die Rollen getauscht.
- Wenn das Fragenstellen geübt werden sollte, können nach Ablauf der Zeit z. B. einige Fragen beispielhaft an der Tafel notiert werden. Alternativ eignen sich die untenstehenden Impulsfragen, um den Einstieg zu reflektieren.

Tipp

Um den Einstieg anspruchsvoller zu gestalten, können sich die Schüler*innen auch einen Beruf aussuchen, für den sie ihre*n Partner*in interviewen möchten. Insbesondere für jüngere oder ungeübte Schüler*innen sollte *Language Support* bereitgestellt werden, z. B. *Are you good/bad at ...?; Do you like to work with ...?; Can you work between ... and ... o'clock?*

Mögliche Impulsfragen:

- *Which job was easy/difficult to guess? Why?*
- *Which question helped/did not help you find the solution?*
- *Which job would you like to have when you grow up?*

Name 3!

 6 min 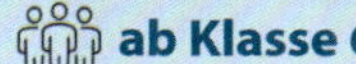 ab Klasse 6  Speaking, Writing

Beschreibung

Bei *Name 3!* müssen die Schüler*innen in möglichst kurzer Zeit drei Begriffe nennen, die in eine bestimmte Kategorie fallen. Der Einstieg eignet sich daher als Vokabel- oder Wortschatzübung.

Benötigte Materialien

Timer; ggf. (digitales) Tafelsystem zum Visualisieren von Themenvorschlägen

Durchführung

- Die Lehrkraft gibt den Lernenden ca. 1 – 2 Minuten Zeit, Kategorien aufzuschreiben, für die ihr*e Partner*in jeweils drei Begriffe nennen soll.
- Die Lernenden arbeiten nun in Zweierteams und haben jeweils ca. 90 Sekunden Zeit, möglichst viele Kategorien zu füllen. Dafür startet die Lehrkraft einen Timer und Schüler*in A gibt eine Kategorie vor, für die Schüler*in B passende Begriffe nennt. Sobald drei Begriffe genannt wurden, nennt Schüler*in A die nächste Kategorie bis die Zeit abgelaufen ist. Die erledigte Anzahl an Kategorien wird nun notiert.
- Anschließend tauschen die Schüler*innen die Rollen und Schüler*in B nennt Kategorien, sobald die Lehrkraft erneut einen Timer gestartet hat.
- Abschließend kann die Lehrkraft abfragen, welche Person die meisten Kategorien erfolgreich absolvieren konnte.

Beispiel: Verschiedene Themenvorschläge (nach Schwierigkeit sortiert)

Things in your room
Subjects in school
Sights in London
Cities in the USA
Plays written by Shakespeare

Pens Down!

 6 min ab Klasse 6 Writing, Speaking

Beschreibung

Bei *Pens Down!* schreiben Kleingruppen möglichst viele Begriffe zu einem Anfangsbuchstaben auf. Wer glaubt, die meisten Begriffe gefunden zu haben, kann das Spiel beenden – gewonnen hat aber das Team, das tatsächlich die meisten Begriffe hat. Als Stundeneinstieg ist diese Aktivität besonders geeignet, um den Wortschatz der Schüler*innen spielerisch zu trainieren.

Durchführung

- Die Schüler*innen kommen in Dreier- bis Vierergruppen zusammen und legen ein Blatt Papier und Stifte in die Mitte.
- Die Lehrkraft schreibt einen Buchstaben an die Tafel.
- In ihren Teams versuchen die Schüler*innen nun, möglichst viele englische Begriffe aufzuschreiben, die mit diesem Buchstaben beginnen. Damit diese Übung als *Warm-Up* fungieren kann, sollten die Teams dabei ausschließlich Englisch sprechen.
- Zu jedem Zeitpunkt hat jede*r Schüler*in die Möglichkeit, mit dem Ausruf „Pens down!" das Spiel zu beenden. In diesem Falle müssen alle sofort ihre Stifte fallen lassen.
- Die Lehrkraft geht nun von Team zu Team und zählt die Anzahl der korrekt aufgeschriebenen Begriffe – Doppelungen werden nur einfach gezählt. Das Team mit den meisten Begriffen gewinnt.
- Im Anschluss kann der Einstieg mithilfe der unten stehenden Impulsfragen reflektiert werden.

Tipp

Um Spannung aufzubauen oder um den Schwierigkeitsgrad für höhere Jahrgangsstufen anzuheben, kann auch ein Online-Zufallsgenerator visualisiert werden, z. B. https://pickerwheel.com/tools/random-letter-generator/ .

Mögliche Impulsfragen:

- *Which word was the first you wrote down?*
- *Which word one of your team members wrote down surprised you the most?*
- *Was the letter difficult / easy to work with?*

Spellie

 5 min 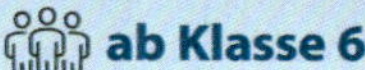 ab Klasse 6  Writing

Beschreibung

Das Online-Spiel *Wordle* der New York Times erfreut sich wachsender Beliebtheit. Als Stundeneinstieg lässt sich die einfache Variante *Spellie* ohne großen Aufwand in den Unterricht integrieren.

Benötigte Materialien

ein Smartphone, Tablet oder Laptop pro Zweierteam; ggf. Timer

Durchführung

Spellie game

- Die Zweierteams rufen mit ihrem Gerät die Webseite https://spelliegame.com auf und wählen den Schwierigkeitsgrad EASY.
- Das vierbuchstabige Wort des Tages muss nun in sechs Versuchen erraten werden, indem ein englisches Wort eingegeben und mit der Entertaste bestätigt wird. Wird nun ein Buchstabe des geratenen Wortes nicht farbig hinterlegt, ist er nicht im Wort zu finden. Ein gelb hinterlegter Buchstabe bedeutet, dass der Buchstabe enthalten, aber an der falschen Position ist. Befindet sich ein Buchstabe an der korrekten Stelle, wird er grün hinterlegt.
- Um als *Warm-up* zu fungieren, sollte in Zweierteams gearbeitet und sich auf Englisch ausgetauscht werden.
- Nach einer bestimmten Zeit oder wenn die Lernenden das Lösungswort gefunden oder ihre Versuche aufgebraucht haben, sollte die Lehrkraft das Lösungswort schriftlich festhalten und das Verständnis der Vokabel sicherstellen.

Tipp

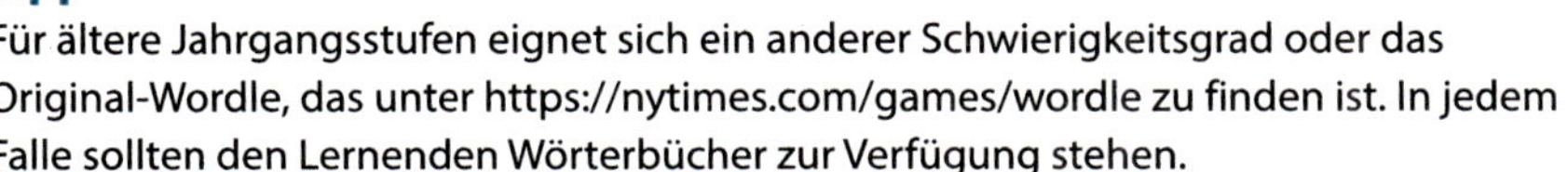

Für ältere Jahrgangsstufen eignet sich ein anderer Schwierigkeitsgrad oder das Original-Wordle, das unter https://nytimes.com/games/wordle zu finden ist. In jedem Falle sollten den Lernenden Wörterbücher zur Verfügung stehen.

Alternative

Als analoge Alternative können sich die Zweierteams abwechseln: Schüler*in A denkt sich ein vierbuchstabiges Wort aus, Schüler*in B notiert nacheinander bis zu sechs Begriffe, bei denen die Buchstaben gemäß obenstehender Erklärung von Person A farbig markiert werden.

Alphabetical Soup

 5 min 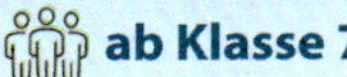 ab Klasse 7  Reading, Writing

Beschreibung

Aus einer vorgegebenen *Alphabetical Soup* gilt es, möglichst viele passende Assoziationen zu formen. Der Einstieg eignet sich daher, um den Wortschatz der Schüler*innen zu schulen – für fortgeschrittene Lerngruppen aber auch als Einstieg in ein neues Thema, um Vorwissen abzurufen.

Benötigte Materialien

(digitales) Tafelsystem zur Visualisierung der *Alphabetical Soup*; ggf. Timer

Durchführung

- Die Lehrkraft schreibt eine Frage oder einen Satz an die Tafel und gibt ein Zeitlimit vor.
- Die Schüler*innen arbeiten nun zu zweit oder zu dritt und versuchen, aus den Buchstaben der vorgegebenen Buchstabensuppe passende Begriffe zu formen, ohne dabei die Buchstaben mehrfach zu benutzen. Dabei ist auf eine korrekte Rechtschreibung zu achten.
- Nach Ablauf der Zeit können alle möglichen Antworten an der Tafel gesammelt werden. Zusätzlich kann die Lehrkraft das Team mit den meisten korrekt geschriebenen Wörtern in Erfahrung bringen.

Beispiel: Verschiedene Themen (nach Schwierigkeit sortiert)

What things can you find in your room?
What activities can you do in summer?
What do you already know about New York City?

Tipp

Als zusätzliche Unterstützungsmaßnahme für jüngere Klassen oder wenn der Einstieg als Themeneröffnung gedacht ist, sollten Wörterbücher oder entsprechende Seiten im Schulbuch zur Verfügung gestellt werden, die als Inspiration dienen können.

Password

 6 min  ab Klasse 7  Speaking

Beschreibung

Bei *Password* versuchen die Schüler*innen, möglichst viele geheime Wörter zu erraten – und zwar im Idealfall anhand eines einzigen Hinweises. Als Einstieg ist diese Aktivität geeignet, um den Wortschatz der Schüler*innen zu trainieren.

Benötigte Materialien

(digitales) Tafelsystem zum Visualisieren der Begriffe, Timer

Durchführung

- Vorab erstellt die Lehrkraft zwei Wortgruppen mit je drei bekannten Begriffen, die entweder auf den beiden Rückseiten der Tafelflügel festgehalten oder in einer Präsentation visualisiert werden.
- Die Lernenden bilden ein Team mit ihrem*r Sitznachbar*in. Person A dreht den Rücken zur Tafel.
- Die Lehrkraft startet einen Timer von ca. 1 – 2 Minuten und visualisiert die erste Wortgruppe. Person B versucht, den ersten Begriff mit einem Wort zu umschreiben.
- Wenn Person A das *Password* errät, erhält das Team fünf Punkte. Andernfalls darf Person B noch bis zu vier Wörter nachlegen – Person A darf nach jeder Ergänzung erneut raten: Sollte der Begriff nach dem zweiten Wort erraten werden, gibt es vier Punkte, drei Punkte nach dem dritten, zwei Punkte nach dem vierten und einen Punkt nach dem letzten nachgelegten Wort. Ansonsten gibt es keine Punkte und Person B fährt mit dem nächsten Begriff fort. Die Punkte sollten schriftlich festgehalten werden.
- Nach Ablauf der Zeit dreht Person B den Rücken zur Tafel und das Prinzip wird mit der zweiten Wortgruppe und getauschten Rollen wiederholt.
- Abschließend kann die Lehrkraft die Punktzahlen der Teams im Plenum vergleichen.

Beispiel: London Sights

London Eye	*The Shard*
Tower Bridge	*Tower of London*
Globe Theatre	*Buckingham Palace*

Word Ladders

6 min ab Klasse 8

Writing

Beschreibung

Um eine Wortleiter zu erstellen, müssen die Schüler*innen auf ihnen bekanntes Vokabular zurückgreifen. *Word Ladders* eignen sich daher als Einstieg in Stunden mit einem Fokus auf Wortschatzausbau.

Benötigte Materialien

(digitales) Tafelsystem zur Visualisierung der *Word Ladder*; ggf. Timer

Durchführung

- Die Lehrkraft schreibt zwei Begriffe mit der gleichen Buchstabenanzahl übereinander an die Tafel und gibt ein Zeitlimit vor.
- Die Schüler*innen versuchen nun in Zweier- oder Dreierteams, vom unteren Startbegriff zum oberen Zielbegriff zu kommen, indem sie einen Buchstaben des Startbegriffs ändern und ein neues Wort bilden – dieses Wort sollte tatsächlich existieren und kein Fantasiewort sein! Mit diesem Wort verfahren die Lernenden nun so lange weiter, bis sie das Zielwort erreicht haben.
- Nach Ablauf der Zeit können mögliche Antworten an der Tafel gesammelt werden. Zusätzlich kann die Lehrkraft in Erfahrung bringen, welches Team das Zielwort mit der geringsten Anzahl an Zwischenschritten erreichen konnte.

Beispiel: Pets

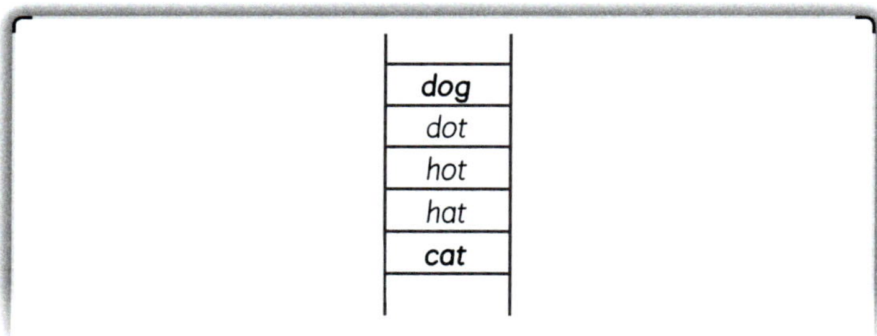

Tipp

Als zusätzliche Unterstützungsmaßnahme sollten Wörterbücher zur Verfügung gestellt werden.

Wordshake 

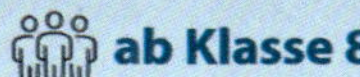

Beschreibung

Bei *Wordshake* sollen aus 16 zufällig generierten Buchstaben in 3 Minuten möglichst viele Wörter generiert werden. Als Einstieg eignet sich das Spiel des British Council insbesondere, um den vorhandenen Wortschatz der Schüler*innen zu aktivieren.

Benötigte Materialien

ein Laptop pro Zweierteam

Durchführung

Wordshake

- Die Zweierteams rufen mit ihren Geräten die Webseite https://learnenglishkids.britishcouncil.org/fun-games/games/wordshake auf.
- Unter *Help* ist eine Anleitung zu finden, die gemeinsam mit den Schüler*innen gelesen werden kann. Ein Klick auf **PLAY NOW** startet das Spiel.
- Nun werden zufällig 16 Buchstaben generiert, aus denen neue Wörter gebildet werden sollen, die die Lernenden über die Tastatur eingeben und mit der Enter-Taste bestätigen. Um als *Warm-up* zu fungieren, sollten die Schüler*innen in Zweierteams arbeiten und sich auf Englisch austauschen.
- Nach Ablauf der 3 Minuten können die erreichten Punktzahlen im Plenum verglichen und ggf. unbekannte Vokabeln gesichert werden.

Tipp

Die Webseite des *British Council* bietet viele weitere Spiele an, die unter https://learnenglishkids.britishcouncil.org/games aufgerufen werden können.

Alternative

Als analoge Alternative können 16 Buchstaben in einem Gitter an der Tafel notiert und ein Timer gestartet werden. Auch hier wird in Zweierteams gearbeitet. Für jedes Wort mit fünf oder mehr Buchstaben erhalten die Schüler*innen dabei fünf Punkte, für jedes Wort mit vier Buchstaben vier und für jedes Wort mit drei Buchstaben drei Punkte.

Semantris 

 6 min ab Klasse 9  Writing

Beschreibung

Das Spiel *Semantris* ist Teil einer experimentellen künstlichen Intelligenz, bei dem es darum geht, möglichst passende Assoziationen zu bestimmten Begriffen zu finden. Daher eignet es sich insbesondere als Einstieg in die Wortschatzarbeit.

Benötigte Materialien

ein Smartphone, Tablet oder Laptop pro Zweierteam; ggf. Timer

Durchführung

Semantris

- Die Zweierteams rufen mit ihrem Gerät die Webseite https://research.google.com/semantris/ auf.
- Die Lehrkraft sollte vorab einen Spielmodus festlegen: Während es bei *Arcade* auf Schnelligkeit ankommt, gibt es im Modus *Blocks* kein Zeitlimit.
- Jedes Spiel beginnt mit einem Tutorial: Bei *Arcade* müssen die Spieler*innen eine stetig länger werdende Liste von Begriffen so kurz wie möglich halten, indem sie schnell Assoziationen für markierte Wörter eingeben. Bei *Blocks* müssen Assoziationen zu Begriffen in Farbblöcken eingegeben werden, um eben jene Begriffe zu löschen. Mit jedem gelöschten Block tauchen neue Blöcke auf.
- Um als *Warm-up* zu fungieren, sollten die Schüler*innen in Zweierteams arbeiten und sich auf Englisch beraten.

Tipp

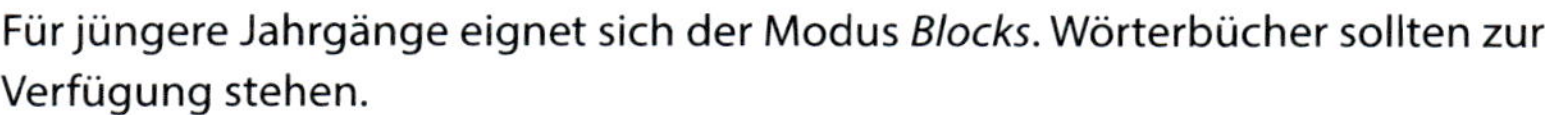

Für jüngere Jahrgänge eignet sich der Modus *Blocks*. Wörterbücher sollten zur Verfügung stehen.

Alternative

Alternativ kann ein Spiel am digitalen Tafelsystem gestartet werden. Im Spielmodus *Blocks* erhalten die Lernenden 20 – 30 Sekunden Zeit, Ideen für passende Assoziationen zu generieren. Anschließend wird abgestimmt. Komplett analog kann eine Liste von zehn Begriffen vorgegeben werden – die Schüler*innen versuchen zu zweit, Assoziationsbegriffe zu finden, die auf einen oder mehrere Begriffe zutreffen und die sie dann durchstreichen. Abschließend kann verglichen werden, welches Team alle Begriffe mit den wenigsten Assoziationen loswerden konnte.

Spelling Bee 

 7 min  ab Klasse 10 Writing, Listening

Beschreibung

Als *Spelling Bee* bezeichnet man jemanden, der ein gehörtes Wort richtig buchstabieren kann – als *Online-Challenge* trainiert es also nicht nur das Hörverstehen, sondern auch Rechtschreibung und Aussprache.

Benötigte Materialien

ein Smartphone, Tablet oder Laptop pro Schüler*in, inkl. Kopfhörer

Durchführung

Spelling Bee

- Die Schüler*innen rufen mit ihrem Gerät die Webseite https://visualthesaurus.com/bee/play auf und setzen ihre Kopfhörer auf.
- Durch einen Klick auf **PLAY WORD** hören die Schüler*innen ein zufälliges englisches Wort, das in korrekter Schreibweise in das darunterliegende Feld eingegeben werden soll. Als Hinweis stehen Definitionen des Wortes bereit.
- Für jedes Wort stehen beliebig viele Versuche zur Verfügung – bereits eingegebene Versuche werden in einer Liste gesammelt. Durch einen Klick auf **I SURRENDER!** kann das aktuelle Wort aufgelöst und übersprungen werden.
- Schwierige oder unbekannte Begriffe sollen währenddessen inklusive einer möglichen Definition notiert werden.
- Nach wenigen Minuten erhalten die Schüler*innen Zeit, sich über neues Vokabular auszutauschen und ihren *Score* zu vergleichen. Um die Funktion eines *Warm-ups* zu gewährleisten, sollte dabei Englisch gesprochen werden.
- Abschließend kann die Lehrkraft schwieriges Vokabular an der Tafel sammeln und durch Erklärungen sichern. Zusätzlich können die Ergebnisse der Klasse verglichen werden.

Alternative

Wenn nicht genügend Geräte zur Verfügung stehen, können die Schüler*innen zu zweit ein Spiel starten – der anschließende Austausch entfällt. Komplett analog kann die Lehrkraft (un)bekannte Vokabeln aus einem Wörterbuch vorlesen, die die Schüler*innen notieren sollen. Anschließend werden die korrekten Schreibweisen festgehalten und so die *Spelling Bee* gekrönt.

Knoword

7 min | ab Klasse 10 | Writing

Beschreibung

Knoword bietet spielbasierte Vokabelübungen, bei denen Begriffe anhand ihrer Definitionen erraten werden müssen. Der Einstieg eignet sich daher für die Wortschatzarbeit oder gezielte Vokabelübung.

Benötigte Materialien

ein Smartphone, Tablet oder Laptop pro Zweierteam

Durchführung

Knoword

- Die Zweierteams rufen https://playknoword.com auf und klicken auf PLAY NOW.
- Im Plenum sollte ein gemeinsames Zeitlimit und Schwierigkeitslevel festgelegt werden. START GAME startet das Spiel.
- Über einen Klick auf das Menü und PACKS können verschiedene Wortsammlungen ausgewählt werden, z. B. mit historischem Schwerpunkt. Affine Lehrkräfte können nach einer Registrierung auch eigene Packs anlegen und diese so auch in jüngeren Jahrgängen einsetzen.
- Wortart, Definition und Anfangsbuchstabe des gesuchten Wortes werden vorgegeben – mit jedem korrekten Buchstaben füllt sich die Fortschrittsleiste grün. Notfalls kann auch ein Wort übersprungen werden.
- Um als *Warm-up* zu fungieren, sollten die Schüler*innen in Zweierteams arbeiten, sich auf Englisch über mögliche Lösungen beraten und unbekanntes Vokabular notieren.
- Nach Ablauf der Zeit können die Punktzahlen der Klasse verglichen und unbekanntes Vokabular festgehalten und besprochen werden.

Alternative

Alternativ kann ein Spiel auch analog imitiert werden. Karteikästen mit Vokabeln bieten sich dafür besonders an. Schüler*in A erklärt ein Wort auf Englisch und nennt den ersten Buchstaben, Schüler*in B versucht, den Begriff anhand der Erklärung zu erraten. Mit jedem richtigen Buchstaben kann ein Hinweis gegeben werden, anschließend werden die Rollen getauscht.

Running Dictation

 6 min  ab Klasse 5  Writing

Beschreibung

Running Dictation fordert die Schüler*innen dazu auf, einen kurzen, fremden Text durchzulesen und ähnlich eines Diktats in ihr Heft zu übertragen. Der Einstieg schult nicht nur die Schreibkompetenz und das Kurzzeitgedächtnis, sondern ist auch als Energizer geeignet, da die Lernenden auch motorisch aktiviert werden.

Benötigte Materialien

ein mehrfach ausgedruckter Text; ggf. Klebestreifen oder Magnete

Durchführung

- Vorab wählt die Lehrkraft einen geeigneten, kurzen Text aus (z. B. aus dem Schulbuch) und vervielfältigt ihn mehrfach. Die Kopien werden an Stellen im Klassenraum befestigt, die die Schüler*innen nicht von ihren Plätzen einsehen können.
- Die Lernenden sollen nun den Text identisch in ihr Heft übertragen. Dafür stehen sie auf, laufen zu einem im Klassenraum versteckten Text, merken sich einen Teil des Textes, kehren zu ihrem Platz zurück und notieren diesen. Die Textkopien dürfen dabei nicht mitgenommen oder umgehängt werden.
- Dies wiederholen die Schüler*innen solange, bis sie eine identische Kopie des Textes in ihrem Heft notiert haben.
- Um als *Warm-up* zu fungieren, sollten sich die Schüler*innen in Zweierteams anschließend den Text vorlesen – alternativ können auch Aufgaben des Leseverstehens nachgeschaltet werden.

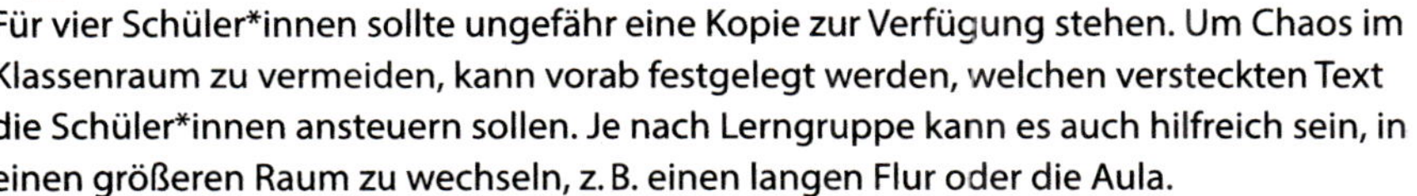

Tipp

Für vier Schüler*innen sollte ungefähr eine Kopie zur Verfügung stehen. Um Chaos im Klassenraum zu vermeiden, kann vorab festgelegt werden, welchen versteckten Text die Schüler*innen ansteuern sollen. Je nach Lerngruppe kann es auch hilfreich sein, in einen größeren Raum zu wechseln, z. B. einen langen Flur oder die Aula.

Window Swap 

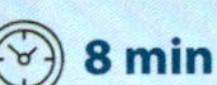 **8 min** 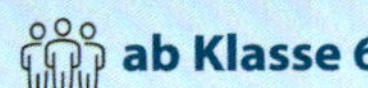 **ab Klasse 6**  **Writing**

Beschreibung

Ein Blick aus einem virtuellen Fenster soll den Lernenden als Inspiration für einen Tagebucheintrag dienen. Der Einstieg *Window Swap* ist für Stunden geeignet, in denen das (kreative) Schreiben oder eine grammatikalische Struktur (z. B. *Simple Past*) geübt werden soll.

Benötigte Materialien

ein Smartphone, Tablet oder Laptop pro Schüler*in; ggf. Timer

Durchführung

Window Swap

- Die Schüler*innen rufen mit ihrem Gerät die Webseite https://window-swap.com auf und klicken auf **OPEN A NEW WINDOW SOMEWHERE IN THE WORLD**.
- Die Lernenden sollen sich nun vorstellen, an ihrem Schreibtisch zu sitzen, aus dem Fenster zu schauen und einen kurzen Tagebucheintrag über ihre Erlebnisse des vergangenen Tages zu verfassen. Dafür kann die Lehrkraft einen bestimmten Zeitraum und die zu übende grammatikalische Struktur festlegen, z. B. das *Simple Past*.
- Um die Funktion eines *Warm-ups* zu gewährleisten, sollte den Lernenden im Anschluss noch Zeit gegeben werden, sich ihre Tagebucheinträge in Zweiergruppen vorzulesen und gegenseitig Feedback zu geben. Dies kann zusätzlich im Plenum erfolgen.

Tipp

Insbesondere für jüngere oder ungeübte Schüler*innen sollte *Language Support* bereitgestellt werden, z. B. *Dear diary,…; Today was a good / bad / decent day, because…; My favorite part of the day was…* .

Alternative

Wenn nicht genügend Geräte zur Verfügung stehen, kann die Lehrkraft einen Fensterblick für alle Schüler*innen am digitalen Tafelsystem zeigen. Als analoge Alternative bieten sich ausgedruckte Screenshots verschiedener Ausblicke als Inspiration an.

Three-Picture-Story

 10 min  ab Klasse 7  Writing

Beschreibung

Auf Basis von drei Bildern soll in diesem *Warm-up* eine *Three-Picture-Story* geschrieben werden. Die Bilder werden dabei erst sukzessive präsentiert – die bereits zu Papier gebrachten Ideen dürfen aber nicht mehr verändert werden. Als Einstieg eignet sich dies insbesonders für Stunden, in denen das kreative Schreiben im Vordergrund steht.

Benötigte Materialien

drei ausgewählte Bilde, ein digitales Tafelsystem oder einzeln kopierte Bilder; ggf. Timer

Durchführung

- Den Schüler*innen wird das erste Bild gezeigt und sie haben 1 – 2 Minuten Zeit, eine Geschichte zu beginnen.
- Nach Ablauf der Zeit wird das zweite Bild gezeigt, auf dessen Basis die vorhandene Geschichte weitergeschrieben werden muss, ohne die bereits festgehaltenen Ideen zu verändern. Auch hierfür sollte es ein ähnlich kurzes Zeitlimit geben.
- Zuletzt wird das dritte Bild gezeigt. Die Schüler*innen haben nun erneut 1 – 2 Minuten Zeit, um ihre Geschichte zu beenden und das dritte Bild in ihre Erzählung zu integrieren.
- Um die Funktion eines *Warm-ups* zu gewährleisten, sollte den Lernenden im Anschluss noch Zeit gegeben werden, sich ihre Geschichten beispielsweise in Zweier- oder Dreiergruppen vorzulesen und sich gegenseitig Feedback zu geben. Dies kann zusätzlich im Plenum erfolgen.

Beispiel: The Digital Age

© pixelshot / stock.adobe.com

© Vector Tradition / stock.adobe.com

© FotoBob / stock.adobe.com

Tipp

Je widersprüchlicher und unterschiedlicher die Bilder, desto schwieriger der Einstieg und desto skurriler die Geschichten: Insbesondere für jüngere Klassenstufen oder ungeübte Lerngruppen eignen sich daher Bilder mit einer deutlichen logischen Verknüpfung.

Newspaper Headline Generator

 8 min 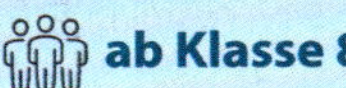 ab Klasse 8  Writing

Beschreibung

Der *Newspaper Headline Generator* generiert zufällige Zeitungsüberschriften, zu denen kreative Ideen gefunden werden sollen. Dieser Einstieg ist daher beispielsweise geeignet, um in die Arbeit mit Zeitungsartikeln einzusteigen.

Benötigte Materialien

ein Smartphone, Tablet oder Laptop pro Zweierteam

Durchführung

Plot Generator

- Die Schüler*innen rufen mit ihren Geräten https://plot-generator.org.uk/headlines/ auf.
- Für neun Kategorien soll nun eine Antwort eingegeben werden (z. B. ein Tier). Die Schüler*innen tauschen sich zu zweit auf Englisch über ihre Ideen aus, um gleichzeitig als *Warm-up* zu fungieren. Abschließend muss ein Autor*innen-Name eingegeben werden. Nach einem Klick auf **WRITE ME HEADLINES** werden Artikelüberschriften generiert.
- Jede*r Schüler*in sucht sich nun eine Überschrift aus und notiert diese. Anschließend haben die Lernenden wenige Minuten Zeit, stichwortartig Ideen zu generieren, wie die Nachricht zustande gekommen sein könnte.
- Abschließend können einzelne Ideen im Plenum vorgestellt und besprochen werden.

Tipp

Für jede Kategorie kann über **SUGGEST** auch eine zufällige Idee generiert werden. Der obere Button **FILL ENTIRE FORM WITH RANDOM IDEAS** füllt alle Kategorien automatisch aus. In beiden Fällen sollten den Schüler*innen Wörterbücher zur Verfügung gestellt werden.

Alternative

Alternativ kann die Lehrkraft auch eine sechszeilige Tabelle mit mehreren Spalten (z. B. *Who?, What?, By whom?, Where?*) vorbereiten. So kann eine Überschrift auch ohne Internet gewürfelt werden. Hierfür eignet sich insbesondere die Verwendung des Passivs, z. B. *Old man slapped by princess on the subway.*

Verse by Verse

 10 min  ab Klasse 9  Writing

Beschreibung

Bei *Verse by Verse* erstellen die Schüler*innen mithilfe von künstlicher Intelligenz ein eigenes Gedicht. Als Einstieg eignet sich diese Aktivität insbesondere in Unterrichtsreihen, in denen Gedichte oder das kreative Schreiben im Vordergrund stehen.

Benötigte Materialien

ein Smartphone, Tablet oder Laptop pro Schüler*in

Durchführung

Verse by verse

- Die Schüler*innen rufen die Webseite https://sites.research.google/versebyverse/ auf und klicken auf **LET'S WRITE A POEM**.
- Zunächst müssen drei Poet*innen ausgewählt werden, die als Inspiration dienen sollen.
- Nach einem Klick auf **NEXT** wird die Struktur des Gedichts festgelegt – je nach Vorwissen können klasseninterne Absprachen getroffen, aber auch die Voreinstellungen übernommen werden.
- Nun geben die Schüler*innen die erste Zeile ihres Gedichts ein – dabei sollte auf die festgelegte Silbenanzahl (rechte Spalte) geachtet werden. Danach erscheinen auf der rechten Seite Vorschläge der ausgewählten Poet*innen, die durch einen Klick übernommen werden können. Ein Klick auf **REFRESH** liefert neue Vorschläge.
- Die Schüler*innen fahren fort, bis sie sich ein vollständiges Gedicht erstellt haben.
- Um als *Warm-up* zu fungieren, sollte den Lernenden im Anschluss noch Zeit gegeben werden, sich ihre Gedichte in Zweierteams vorzustellen und sich gegenseitig auf Englisch Feedback zu geben. Dies kann zusätzlich im Plenum erfolgen.

Alternative

Sollten nicht genügend Endgeräte verfügbar sein, können die Schüler*innen auch zu zweit ein Gedicht erstellen. Alternativ kann die Lehrkraft auch eine Strophe aus einem Gedicht mitbringen, in dem zwei oder mehr Zeilen entfernt wurden und die von den Lernenden zu füllen sind.